平凡社
682

イスラーム化する世界

グローバリゼーション時代の宗教

大川玲子
ŌKAWA REIKO

HEIBONSHA

イスラーム化する世界●目次

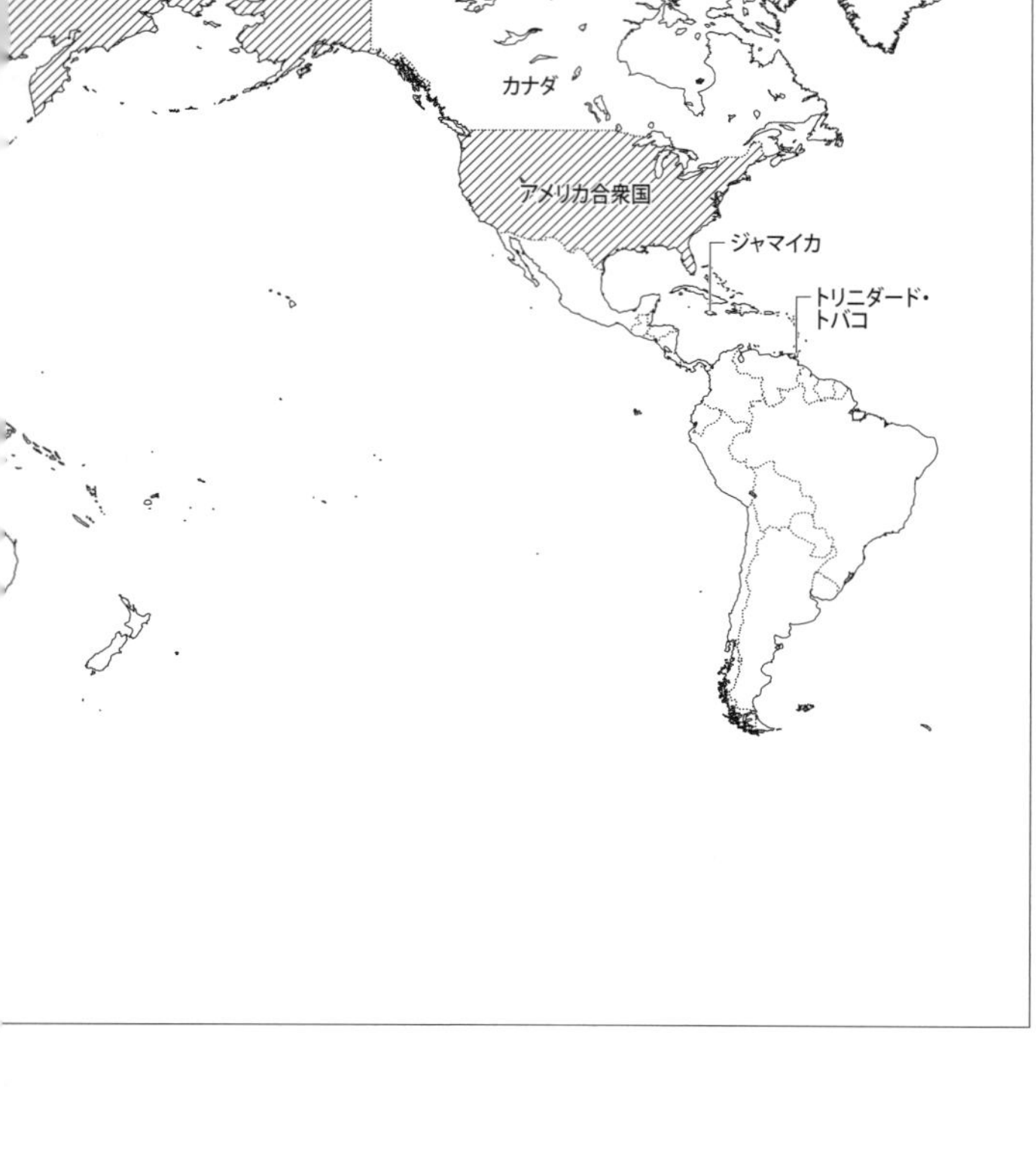
カナダ
アメリカ合衆国
ジャマイカ
トリニダード・
トバコ

イスラーム世界の広がり

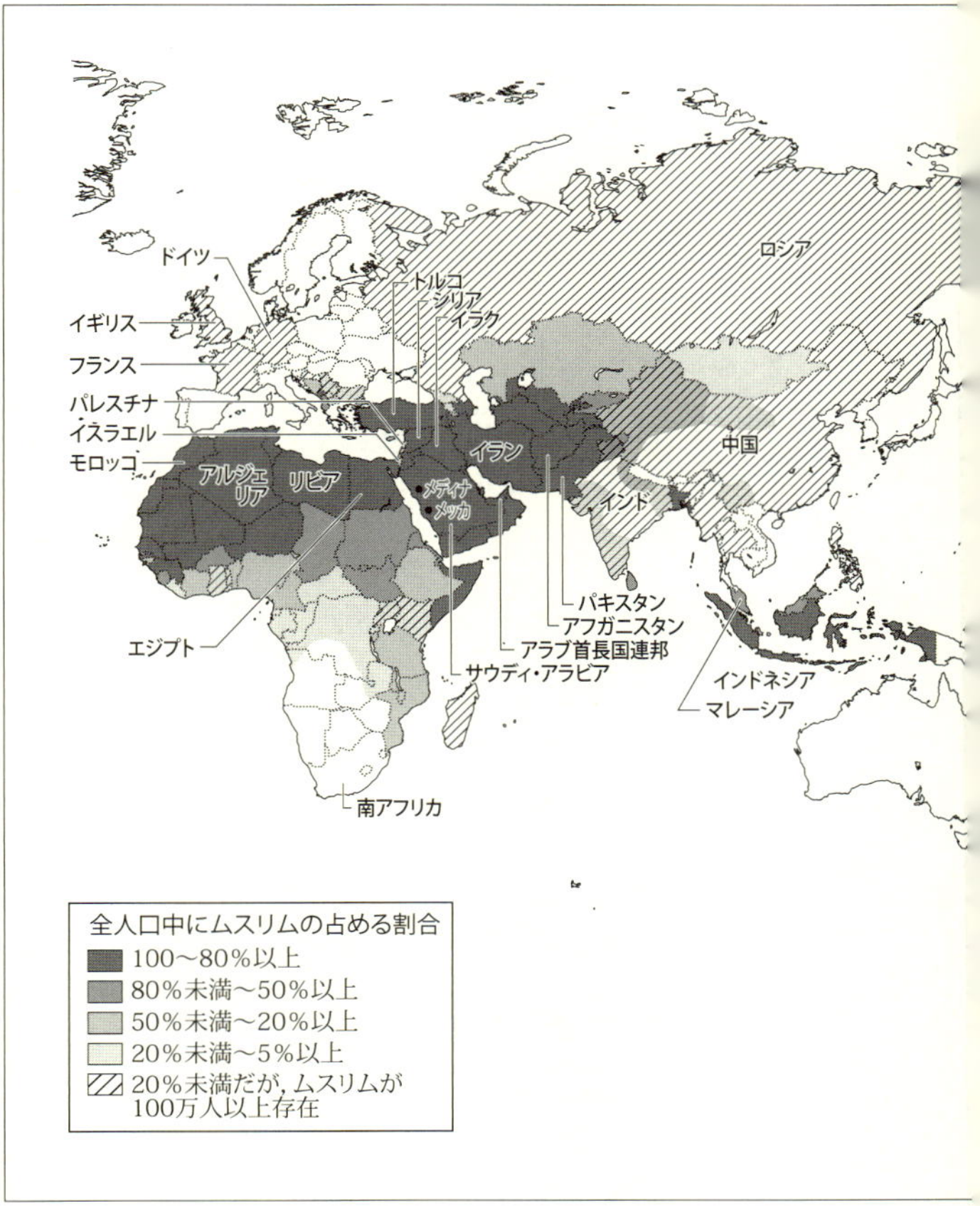

本書に登場するクルアーン（コーラン）解釈者たち

解釈者の年代順。太字は中心的にとりあげた4人である。

解　釈　者	解　釈　書　名	特　　徴
タバリー（838−923）	『クルアーンの解釈における説明集成』	伝承による解釈
ザマフシャリー（1075−1144）	『啓示の真理の開陳と解釈の諸側面に関する諸言説の本質』	ムウタズィラ派神学者の「個人見解」による解釈
イブン・カスィール（1301−73）	『偉大なるクルアーンの解釈』	伝承による解釈
ムハンマド・アブドゥ（1849−1905）とラシード・リダー（1865−1935）	『マナール（灯台）のクルアーン解釈』	エジプト近代改革主義者による
タンターウィー・ジャウハリー（1870−1940）	『クルアーン解釈の本質』	エジプト人による科学的クルアーン解釈
サイイド・ヌルスィー（1878−1960）	『光の書簡』	トルコのクルド系学者による
アッバース・アッカード（1889−1964）	『クルアーンにおける女性』	エジプト人思想家による
サイイド・クトゥブ（1906−66）	『クルアーンの蔭で』	エジプトのムスリム同胞団イデオローグによる
マウドゥーディー（1903−79）	『クルアーンの意味』	パキスタンのイスラーム主義者による
ビント・シャーティウ（本名はアーイシャ・アブドッラフマーン、1913−98）	『クルアーンの修辞的解釈』	エジプトの女性による文学的解釈
モーリス・ブカイユ（1920−98）	『聖書、クルアーンそして科学——近代的知識の見地から聖典を検討する』	フランス人改宗者による科学的解釈
フェトフッラー・ギュレン（1941−）	**『クルアーンを内省的に読む』**	**トルコ人思想家・活動家による**
ビラール・フィリップス（1947−）	**『「部屋」章解釈——クルアーン49章への注釈』など**	**ジャマイカ出身のカナダ人改宗者による**
アミナ・ワドゥード（1952−）	**『クルアーンと女性——聖なるテクストを女性の視点から読む』**	**アフリカ系アメリカ人改宗者女性による**
ファリド・イサク（1959−）	**『クルアーン、解放そして多元主義——抑圧に対抗するための宗教間連帯に関するイスラーム的視点』**	**南アフリカのムスリムによる**
アスマ・バルラス（1959−）	『イスラームにおける信仰する女性——クルアーンを家父長的に解釈しないために』	アメリカ在住パキスタン移民系女性ムスリムによる
ニマト・ハーフェズ・バラザンギ（生年不詳）	『女性のアイデンティティとクルアーン——新しい読み』	アメリカ在住シリア移民系女性ムスリムによる

序章——グローバリゼーションのなかのイスラーム

イスラームのことはもう少し詳しく知りたいが、どこから手をつけてよいのかよく分からない、という人は少なくないだろう。グローバル社会において日本人が海外に行く機会が増え、日本国内でもイスラーム教徒が国籍を問わず増加している。また東南アジアなど、イスラーム国へのビジネスの参入や日本へのムスリム観光客の誘致にも関心が高まっている。このようななか、イスラームについて知らなければ、という意識は高い。しかしそれを学ぶ機会があまりに少ないというのが実情ではないだろうか。

多くの日本人にとって、イスラームと聞いて連想される事柄は、残念ながら「テロ」「紛争」「戦争」といった暴力に関わるものだろう。パレスチナ・イスラエル紛争や中東戦争、一九八〇年代のイラン・イラク戦争、九〇年代初頭の湾岸戦争、そして二〇〇一年の「九・一一」アメリカ同時多発テロと、連綿と続く紛争の歴史が強烈なイメージを与えている。さらに二〇一三年一月には日本人の企業がアルジェリアでアル＝カーイダ系とされるテロリスト集団の攻撃対象となり、多くの方々が亡くなられ、日本社会は大きな衝撃を受けた。

またイスラームとはそもそも宗教思想体系であるが、これに関連するイメージも、「厳しい戒律」「女性蔑視」「ベールの強制」「ジハード」といったネガティブなものになりがちだ。そして「やはりイスラームはよく分からない……」という結論が導き出されるのである。

とは言え、このような状況は日本という環境においては、やむを得ないことでもある。日本人とイスラーム教徒（以下、ムスリム）の関わりの歴史は浅く、多くの日本人の宗教観とイスラームの間にも共通性が少ない。これに対してユダヤ・キリスト教的西洋世界はそもそもイスラームと同じ唯一神信仰という宗教思想の基盤を持ち、かつ地理的な近さもあって十字軍など歴史的関わりは古い。さらに昨今のムスリム移民の増加によって、欧米社会ではイスラームは社会の外ではなく、内に存在する人々となってきている。例えば九・一一の首謀者とされるムハンマド・アッターは当時三十代前半であったが、エジプト出身でドイツの大学に留学し、さらにアメリカで航空機の操縦方法を学んだ後に、アル＝カーイダのメンバーたちとテロに及んだとされている。それでも欧米において、イスラームを理解するための一般向けの本が数多く出版されているのが現状で、それは異文化間の理解が未だ容易ではないことを物語っている。

よって実際に接する機会の少ない日本人が、イスラームについてよく分からないのは、いたしかたない部分が大きい。しかしそうであるからといって、理解の努力を放棄するわけにはいかないであろう。現代世界は、急速に一体化しつつあるグローバル社会であり、今後、日本人とムスリムの関係がますます深まることは容易に想像される。ムスリムは中東以外にも世界中に居住し、例えば東南アジアには世界最大のムスリム人口を擁すインドネシアがある。またアメリカ合衆国には数百万とされるムスリムが居住し、ユダヤ教徒の人数と変わらないともされる（データは推計で、二〇〇万―八〇〇万の間で諸説ある）。さらに日本のムスリム人口も少しずつではあるが増加しており、現在一〇万人以上と推計される。このようにイスラームは中東やアラブ人だけのものではなく、極めてグローバルな宗教となっている。

イスラームの内側からグローバリゼーションを問い直す

本書では、イスラームがつくり出しつつある新たな世界の局面をとらえるために、「グローバリゼーション」や「グローバル」といった単語を何度も使うことになる。この現象は現在進行形のものであり、これらの用語の定義も展開中と言えるが、基本的にここでは、政治経済学者のマンフレッド・スティーガーや社会学者、伊豫谷登士翁《いよたにとしお》の定義にあるような意味で用いていきたい。スティーガーはまず、「グローバリティ」という用語を次のように定義している。

これは、既存の多くの国境や境界線の意義を失わせるほど緊密かつグローバルな相互関係とフローが、経済・政治・文化・環境の面で存在することを特徴とするような社会的状態を意味する。(『グローバリゼーション』岩波書店、二〇一〇年)

そしてこれを踏まえて、「グローバリゼーション」についてこう述べている。

グローバリゼーションという言葉は、ナショナリティが弱まりつつある現在の社会的状況をグローバリティの状態へと変容させると思われるような、一連の社会的過程に適用する。

グローバリゼーションとは、世界時間と世界空間を横断した社会関係および意識の拡大・強化を意味する。(同前)

さらに「グローバル」と「地方的《ローカル》」の関係についてもこう述べている。

彼ら（グローバリゼーション研究者）のもっとも重要な指摘は、「地方的《ローカル》」、「一国的《ナショナル》」、「地域的《リージョナル》」、「グローバル」といった、先鋭に区別されてきた旧来の地理的範囲が、複合的でネットワーク化された世界ではもはや役に立たないということである。なぜならこれらの範囲は互いに重複して浸透しあっているからである。（同前）

伊豫谷もまた「グローバリゼーション研究」を論じる文脈のなかで、世界と個別についてこう述べている。

グローバリゼーション研究とは、ここでいう「世界」を対象とした研究領域に近いように思われます。いうまでもないことですが、各々の国や地域には固有の特質がありますす。それを無視しようとしているのではありません。しかし個々の国や地域を集計することによって、世界が見えてくるのではないのです。むしろ、ここで注目するのは、そうした固有の特質と見えるものが、近代の世界配置のなかで組み替えられ、とらえ返されるという点です。グローバリゼーション研究は、ナショナルな領域や枠組みを前提としてきた思考回路を脱構築し、国家やネーションを所与とする従来の社会科学の枠組みを組み替える試みでもあるのです。(『グローバリゼーションとは何か』平凡社新書、二〇〇二年)

これらから極めて簡略化すれば、グローバルな世界とは、人や物の移動、情報の流れなど様々な領域において既存の枠組みが組み替えられ、境がなくなった状態だと言えるだろう。もちろん現在はその途上であるが、その方向に向かっているという認識である。またここで重要な指摘は、「ローカル」と「グローバル」を対立項として見るべきではなく、それらはグローバリゼーションの過程で、相互に影響を与えながら混じり合っているという点であろう。これは本書で見てゆくコーラン(以下、アラビア語原音に即して「クルアーン」と表記)の新しい解釈者たちの動きに、まさにあてはまる指摘である。

スティーガーはまた『グローバリゼーション』のなかで興味深い指摘をしている。彼は、ウサーマ・ビン・ラーディン(一九五七—二〇一一)をグローバリゼーションの代表的人物としてとりあげている。二〇〇一年の九・一一、つまりアメリカ同時多発テロ後の一〇月に世界中で放映された彼のビデオテープを分析し、そこに映るアフガニスタンの岩山の前に立つビン・ラーディンの姿に「グローバルな相互依存の複雑な連鎖」があるとしている。この映像が世界中に配信されるためには、機材の移送、衛星放送局アルジャジーラの存在、映像を配信したインターネット、さらにはビン・ラーディンが抱えるロシア製であろうライフル銃や、その腕にある世界の低賃金労働者によって生産されるアメリカのタイメックス社製スポーツ・ウォッチ……。「イスラーム原理主義者」であり「反米主義者」とされるビン・ラーディンの映像は、これらが世界中から、まさに「グローバル」に集結して成立しているのである。

このスティーガーの議論は、イスラームが一般的には西洋に発するグローバリゼーションから極めて遠いと考えられていることから始まっている（実際に彼は、大学の学生からそのような質問を受けている）。しかし、本書のクルアーン解釈者たちもまた、スティーガーが分析したビン・ラーディンのように、グローバリゼーションの恩恵を十二分に受けつつ、その成果を世に生み出している。

また、グローバリゼーションの一つの特徴である「国境を越える」という点に関して言えば、そもそも宗教とはそのようなものであると言えるだろう。ムスリムも世界中に広まっている。その意味で、国民国家体制とともにあった近代とはそぐわないものである。加えてイスラームは歴史的に見て、移動や情報のネットワークを独自に発達させてきた宗教であった。

例えばよく知られた例としては、イブン・バットゥータ（一三〇四—六八）が挙げられるだろう。彼はモロッコのタンジェ出身で、一三二五年にメッカ巡礼を志して旅に出た。そして中東地域のみならず、東アフリカ、インド、東南アジア、中国などを巡っている。その途中、インドの王に法官として仕え、五三年にモロッコのフェズに戻っている。このようにメッカ巡礼というモチベーションを持つイスラームは、そもそも移動することを奨励している（後述する預言者ムハンマドのメッカからメディナへの「聖遷〔ヒジュラ〕」も同じ役割を果たしていると言える）。そしてどこの地域の都市に行っても、そこにムスリムがいれば、旅人を積極的に受け入れていく土壌が存在するのである。

さらにイスラームには「ウンマ」という概念がある。これは宗教に立脚した共同体のことで、ムスリムの文脈では世界全体のムスリムから成る「イスラーム共同体」のことを意味する。もちろん実際にそのようなものがあるわけではないが、預言者ムハンマドの時代のムスリム共同体を理想としつつ、良き共同体の構築を目指す動きの理論的基礎となっている。現在では、国境を越えた想像上のムスリム共同体として存在するグローバルな共同意識体のようなものだとも言えるだろう。

興味深いことにスティーガーもまた、グローバリゼーションについて論じるなかで、アル＝カーイダの持つウンマ概念に注目している。彼はアル＝カーイダの中核的なイデオロギーを「グローバルな不信仰に対するグローバルな聖戦《ジハード》によって、グローバルに統合されたイスラム共同体《ウンマ》を再建すること」ととらえ、この「国境を越えたイスラム共同体《ウンマ》の復興という願望は、西洋のイスラム化を反映するだけでなく、ムスリム世界のグローバリゼーションを立証している」と述べている。アル＝カーイダはグローバルに人材を集めて再配置する組織であることが知られている。つまりこの組織は、ムスリムのなかで最も反西洋である者たちが、従来の「ウンマ」概念に基づきながらも、実際には最も西洋的な、グローバルな意識のなかで動いているという好例となっているのである。

この組織が行ったことは、世界の調和や平和を脅かすものであったが、彼らの最初の問題設定は一九八〇年代に、ソビエト連邦という西洋に蹂躙されているアフガニスタンのムスリム同胞たちを救いたい、というものであった。それがいくつもの過程を経て、あのようなグローバルなモンスターになってしまったのであった。ここでもローカルとグローバルが浸透し合っていることが分かる。

さてこのように、イスラーム世界にもともとあった移動・情報ネットワークや統一共同体概念が、欧米から始まったグローバリゼーションの流れのなかで、さらに緊密化し、強化されてきた。それは本書でとりあげる解釈者たちの動きや活動を見るとよく分かることである。彼らは国境も情報の壁も乗り越え、多種多様なものとつながりながら新しい解釈を生み出している。そういったことからも、この新しいクルアーン解釈の潮流は、グローバリゼーションのなかで生まれた成果の一つであると言えるだろう。

本書のタイトル「イスラーム化する世界」は、まさしくこの認識を踏まえたものである。確かにムスリム人口は世界レベルで増加し広まっているが、このタイトルは世界中の人々がムスリムになるということを意味しているわけではもちろんない。こういった状況も部分的に含みつつ、むしろ、グローバル化している世界が、従来からイスラームという宗教が奨励し、ムスリムたちが実践してきた世界観に合致しているということ、そして西洋発のグローバリゼーションと方向性を同じにするイスラームが、今後、本来の性質を開花させて新しい世界の形成に大きく貢献するのではないかと考えられるということ。このような大きな動きを「世界のイスラーム化」と呼んでみたのである。

「分かりにくい」イスラームを超えて

本書では、このような世界の動きのなかで生みだされる新しいイスラームの姿に注目していきたい。これまでの「分かりにくい」イスラームを超えて、グローバルで新しい局面をつくり始めているからである。それは人権や異文化理解といった日本人とも共通する問題意識に根差したイスラームであると言えるだろう。積極的に新しいイスラームを説く思想家・活動家の声に耳を傾けることで、日本人の旧態依然としたイスラーム観も刷新されるべき時がきている。

具体的にここでは、イスラームの聖典であるクルアーンの解釈に焦点を当てていく。次章で述べるように、ムスリムにとってこの聖典は唯一神アッラーから発された言葉そのものとされ、極めて神聖な啓示である。それが彼らの預言者ムハンマドの口を通して人々に伝えられたと考えられている。よって現在に至るまで一〇〇〇年以上にわたってクルアーンの一字一句が熟考の対象となり、それが解釈の歴史となっているのである。

ただやはり、クルアーン解釈（アラビア語でタフスィール）の主要な著作はアラビア語で書かれてきた。クルアーンがアラビア語であることから、イスラームの宗教的学問の中心にはアラビア語が据えられ、宗教学者（ウラマー）たちは非アラブ人でも「リンガ・フランカ（共通言語）」としてアラビア語を学ぶことが通例であった。よってクルアーン解釈がアラビア語で著されてきたことはごく自然なことである。しかし次章で論じるように、近代以降、新しい潮流が生まれ、クルアーンと社会を結びつける解釈がなされるようになる。そうした流れから現代、グローバル化のなかでアラブ人でも宗教学者でもない者たちが英語で解釈書を著し、注目を集めるようになっているのである。ここが、本書のテーマとなる。

ここまでにもふれたように、現在、ムスリムたちは世界中に居住している。中東や東南アジアなどの伝統的にムスリムが多く住む地域以外においては、彼らは「マイノリティ（少数派）・ムスリム」となる。日本のムスリムたちもそうである。ムスリムにも当然ながら、イスラームの理解や実践には個人差があり、またムスリムとなった経緯が生まれながらなのか、もしくは改宗なのか、によっても意識は大きく異なる。だが異教徒に囲まれて暮らす人々には、ムスリムが多数派である社会にはない諸問題が生じる。礼拝や断食といった五行と呼ばれる儀礼の実践や子どもへのイスラーム教育、スカーフをかぶることによる周囲の反応といった問題に加え、ムスリムであることへの謂《いわ》れなき偏見に対面することになる。しかしこれらの困難を通して、より深いイスラーム理解を得るムスリムたちも少なくない。自分がムスリムであることの意味を問う良い契機となり得るからである。

その様子を知るには、インターネット上にあるイスラーム系ウェブサイトを見るのも一つの有効な手段である。日本では、アル＝カーイダなどの武装系テロリストがウェブサイトで犯行声明を発表する様子などが報道され、イメージに強く残っているかもしれない。しかし、インターネット上にはムスリム同士が建設的な交流を繰り広げるウェブサイトも多く見られる。例えば「イスラーム・オンライン」や「イスラームQ&A」などが、宗教心の強い若者たちが世界中から集うグローバルなウェブサイトとして知られる。

これらのウェブサイトには、ムスリムの若者たちが質問し、それに対してイスラーム知識人が回答するというコーナーがある。これはイスラームに伝統的にある「ファトワー問答」をウェブ上で踏襲したものである。現実社会では回答するのは宗教学者（ウラマー）の業務であるが、ウェブ上ではウラマーのみならず、ビジネスなどの実学に通じた学者なども回答者になっている。ここでは政治から恋愛関係まで多種多様な疑問が投げかけられている。そのなかでもやはり良きムスリムとして生きていくための質問が多い。

例えば欧米社会でマイノリティ・ムスリムとして生活する若者は、「正しい」クルアーンの読誦方法について質問する。これは、もしエジプトなどのムスリム・マジョリティ（多数派）社会に住んでいれば、わざわざインターネットで質問しなくても、周囲に尋ねるか、もしくは尋ねるまでもなく周囲を見れば分かることである。しかしムスリム・マイノリティ社会では、それを確認する機会が少なく、若者には身近であるインターネットに疑問を寄せるというケースが生じているのである。

これら数々の疑問を見てみると、非アラブ圏にいることに起因する問題が生じていることが分かる。例えば、アラビア語でクルアーンを誦《よ》むことの難しさや、周囲からクルアーンが神の言葉ではないと言われて混乱しているということ、「九・一一」つまり「アメリカ同時多発テロ」などの実際の出来事とクルアーンをどう絡めて解釈すればよいのか、といった悩みである。このようにマイノリティ・ムスリムたちは、自分自身の問題を解決するために、グローバルなウェブサイトに向かっているという現象が見られるのである。

これは同時に、異文化と常に接するマイノリティ・ムスリムには、ムスリムが多数派である社会とは異なる視点から新しくクルアーンを解釈する余地があるということでもある。もちろん、ムスリム・マジョリティ社会でも日々新しい出来事が起きており、その最たるものがいわゆる「アラブの春」という社会の大変革であった。そこで必要とされる解釈も今後生まれてくるであろう。だが、ムスリム・マイノリティ社会における異文化との緊張から生まれる思索も現在、クルアーン解釈に大きな影響を与えている。それは解釈が誕生したローカルな社会の問題に根差しつつも、グローバルな、つまり国境を越えた普遍的な問題の解決をクルアーンに求める結果ともなっているのが特徴である。

さて本書では、このような特徴を持つ四人のクルアーン解釈者たちをとりあげたい。まずはアミナ・ワドゥード（一九五二―　）、アフリカ系（黒人）アメリカ人女性の改宗者である。男女平等の観点からクルアーンを解釈する『クルアーンと女性――聖なるテクストを女性の視点から読む』を一九九九年（初版一九九二年）に著した。活動の中心はアメリカだが、東南アジアとも関わりが深い。次にファリド・イサク（一九五九―　）、南アフリカ人のマイノリティ・ムスリムである。アパルトヘイトに立ち向かうための宗教間連帯の視点から、九七年に『クルアーン、解放そして多元主義――抑圧に対抗するための宗教間連帯に関するイスラーム的視点』を刊行した。活動は主に南アフリカだが、アメリカでも活躍中である。そしてビラール・フィリップス（一九四七―　）、ジャマイカ生まれでカナダ育ちの改宗者である。伝統的な方法論による解釈書（『「部屋」章解釈――クルアーン四九章への注釈』など）を八九年から数多く出版している。サウディ・アラビアで学び、現在も中東の湾岸地域を拠点に活動している。最後にフェトフッラー・ギュレン（一九四一―）、トルコ出身の宗教学者である。東洋と西洋の対話を求める思想を提示し、それに影響を受けた市民活動組織が世界中に展開している。彼自身は今、アメリカに居住し、二〇一一年に『クルアーンを内省的に読む』（英訳は二〇一二年）を刊行した。

これらの人物が注目され始めた頃から現在にかけて、グローバル化が急速に進んできている。彼らは皆、出身地を超えて活動し、英語で書かれたクルアーン解釈を世に問うている。その背景には、従来のムスリム・マジョリティ社会のなかで完結した人生を送るだけではない、多種多様な生活環境のなかで生きるムスリムたちが生まれ、その多様性を反映したクルアーン解釈が求められてきたという世の流れがある。

第Ⅰ章ではクルアーン解釈の前提をおさえるために、イスラームにおけるクルアーンの位置づけやその解釈史を追う。第Ⅱ章から第Ⅴ章までは、前述の四人の解釈者たちに焦点を当て、その思想的背景としての半生や実際の解釈を検討する。それぞれの解釈は、解釈者たちの生い立ちや教育に大きく影響を受けているためである。また解釈について考える際には、その方法論と内容について合わせて考えることが重要であるので、この点にも留意したい。そして最後には全体を振り返り、グローバル化する世界のなかでの、「世界を理解する一つの方法」としてのクルアーン解釈をどう理解すればよいのかを考えていきたい。

I　イスラームとコーラン（クルアーン）

1　クルアーン成立の背景

アッラーと預言者ムハンマド

ムスリムにとってムハンマドはアッラーの使徒であり、かつ預言者である。イスラームの伝承（ハディース）によれば、歴史上、預言者は一〇〇〇〇人以上存在し、そのなかで三一五人が使徒であるという。預言者は神からその言葉を預かる者（アラビア語でナビー）で、これに対して使徒はなかでも法（シャリーア）を人々にもたらす者とされ、こちらの方が格の高い存在となる。イスラームの教えによれば、最初の預言者はアダム（アラビア語でアーダム）、最後のそして最も優れた預言者がムハンマドとなる。

ここでアダムの名が登場したことからも分かるように、イスラームの世界観はユダヤ教やキリスト教の聖書と多くの共通点を持つ。そもそもアッラーは「神」という意味であり、唯一神を指す。八百万《やおよろず》の神々やギリシア神話のような多神教的世界観ではなく、神はただ一つと考える一神教的世界観である。この概念もユダヤ教やキリスト教と共通している。非ムスリムはこの点について、ムハンマドがユダヤ教やキリスト教を模倣してイスラームを説いたと考えがちである。他方ムスリムは皆がアーダムの頃から同じ神（アッラー）を信仰していたにもかかわらず、ユダヤ教徒やキリスト教徒の理解が正確でなかったため、ムハンマドが最後に正しい教えを人々に伝えるよう遣わされたのだ、とする。このようにユダヤ教・キリスト教・イスラームは、同じ土台に立ちながら、世界観にズレがある。

このムハンマドという人物は、五七〇年頃にアラビア半島の都市メッカで生まれた。メッカは現在サウディ・アラビア王国にあり、聖地として巡礼（ハッジ）の目的地となっている。日本では同じ時期（五七四年）に聖徳太子（厩戸皇子）が誕生していることを考えれば、ムハンマドの影響力がいかに大きく、長きにわたって続いてきたかが分かるであろう。

ムハンマドは母親の胎内にいた頃に父を亡くし、さらに六歳の頃に母をも亡くし、孤児になった。彼はメッカの名門一族であるクライシュ族の名家ハーシム家に属す。クライシュ族はメッカのカアバ神殿を管理してメッカを支配し、地中海やインド洋での交易に従事して大変裕福であった（ハーシム家は現在ヨルダン王国を統治している）。ただムハンマドは孤児になり、まず祖父に、その祖父の没後は伯父に養育された。この時期に関する資料は乏しく詳細は分かり得ないが、名家に生まれながらも不遇な幼少期を送ったことで、物事を深く考えて当時の現状に疑問を持ち、後にメッカ社会の腐敗を批判してイスラームを説いたのではないかと推測される。

二五歳で結婚したが、相手はハディージャという一五歳年上の裕福な商人であった。ムハンマド自身も隊商交易に従事し、シリアにまで出向いていた。その商売の手腕と誠実な人柄を知って、ハディージャの方からムハンマドに結婚を申し込んだとされる。このようにムハンマドの最初の妻は今でいうビジネス・ウーマンであり、ここに女性が教育を受けずに家庭にのみいることを強いる意識は見られないだろう。

ムハンマドは結婚後、四人の娘が生まれ（男児は夭折）、幸せに暮らしていたかと思えば、四〇歳頃からメッカ近郊の山にある洞窟に籠り、瞑想をするようになった。その最中に、彼はこれまで聞いたことのない不思議な声を聞く。これが啓示の始まりとなる。それは次のような言葉だったとされ、クルアーンの九六章「凝血」一―五節としておさめられている。

誦め、「創造主である主の御名において、それは人間を一凝血から創られた」と。誦め、「汝の主は最も尊く、筆について教え給い、人間に未知なことを教えられた」と。

クルアーンの誕生

それにしてもこの文言を読んで分かるように、クルアーンという聖典は不思議な書物である。それはこれが、ムハンマドの口から神懸かり的に出てきた言葉だからである。日本にもイタコのように死者の言葉を「口寄せ」するとされる霊媒師がいる。イタコに依頼する人たちの多くは、亡くなった自分の親しい人たちの言葉そのものが、イタコを通して伝えられると信じている。ムスリムとは、このムハンマドの口から発された言葉がアッラーの言葉そのものであり、ムハンマドがその預言者だと信じている人たちのことである。

ただし全知全能のアッラーが直接ムハンマドに言葉を伝えたのではなく、天使ガブリエル（アラビア語でジブリール）が仲介したとされる。前述の九六章一―五節が下された経緯はこうである。ムハンマドが眠っていると、天使ガブリエルが彼のもとにやって来て、「誦め」と言った。ムハンマドが「何を誦むのか」と言うと、ガブリエルは手に持っていた袋でムハンマドの首を締めあげたため、彼は死ぬかと思った。これを何度か繰り返した後、ガブリエルは九六章一―五節を口にし、ムハンマドもこれを誦んだ。「誦み終わると、彼は私から去った。私は眠りからさめたが、それは心に書き込まれたかのようだった」とムハンマドは描写している。

クルアーンはこのような啓示の断片を集めたものである。よってその内容は、アッラーの偉大さや来世といった教義的な事柄であったり、または過去の預言者の物語であったり、祈禱句であったり、さらには食事や家族や異教徒との関係などに関する社会生活上の規定であったりと、多種多様である。ただ全編を通して語られているのは、「イスラームこそが最も正しい宗教である」という説得である。

またこの聖典の特徴は、基本的には読誦されるべきものだということである。「誦め」という命令で啓示が始まっているように、信徒もそれを口に出してアッラーの言葉を再現させることが重要だとされる。ムハンマドの生前には、基本的に周囲の信徒たちが記憶することで述べ伝えられたとされる（ただしこの点に関しては、研究者の間でも議論があり、ムハンマドの生前に書物としてのクルアーンができていたとする者もいる）。六三二年にムハンマドが亡くなった後、ムスリム共同体は多くの戦闘を経験する。そのなかで、クルアーン暗誦者が多く戦死したため、書物として編纂する必要が出てきた。そこで第三代正統カリフであったウスマーン（在位六四四―五六年）が中心となって、最終的に現在のクルアーンの書物の形にまとめられたのであった。

クルアーンの構成について言えば、全部で一一四章からなる。章は「スーラ」、節は「アーヤ」と呼ばれる。第一章を除けば、前にある章が多くの節を含んで長く、後の章になるほど節の数が減って章が短くなるという傾向がある。また、後ろの方の章が古く、前の章に来るほど新しい、つまり後で下された啓示になるという傾向もある。ムハンマドはその生涯において、メッカでの宗教的迫害を逃れて、六二二年にメディナに移住している。これは「聖遷（ヒジュラ）」と呼ばれるムスリムにとって重要な歴史的出来事である。よってクルアーンの前の方の章には新しい「メディナ期」、後の方の章には古い「メッカ期」に啓示された句が含まれているということになる。[*1]

2　聖典解釈の歴史——伝承主義から近代的解釈へ

近代以前の伝承中心の解釈

ムハンマドが亡くなったことで、残された信徒たちは、クルアーンの意味が分からない場合に全幅の信頼をおいて尋ねることができる人を失った。そこで人々はムハンマドの言行を伝える伝承に頼ることにした。この伝承は「ハディース」と呼ばれ、ムハンマドが何を言ったのか、何を行ったのかを、事細かに伝えている。

ハディース集は数多く編纂されているが、そのなかでも「六書」と呼ばれているものが最も権威があり、信憑性の高い伝承を集めているとされる。さらにその六つのハディース集のなかでも、ムスリム（八一七／二一—七五）とブハーリー（八一〇—七〇）という学者が編纂したものが最も高く評価される二大伝承集である。これら二つの書名はどちらも『サヒーフ（真正）』であるため、『二大サヒーフ』と並び称されることもある。幸いなことにこれら二つの伝承集には日本語訳がある。*2
次に引用するのは、ブハーリーの編纂した『サヒーフ』から、クルアーン第一章「ファーティハ」（「開扉」や「開巻」と訳される）に関するハディースである。「神の使徒」とは預言者ムハンマドのことで、彼と信徒の間での問答のなかで章句についての説明がなされている様子がうかがえる。

アブー・サイード・ブン・アル・ムアッラーは語った。わたしがモスクで礼拝しているとき神の使徒が喚んだが、わたしは返事をせず、後で「神の使徒よ、礼拝していましたので」と言った。すると、彼は「神が『アッラーとその使徒の喚びかけに応えよ』と言われたではないか。わたしはお前がモスクを立ち去る前にコーランの中で最も大切な章を教えて上げよう」と言った。やがて預言者はモスクから出ようとしてわたしの手を取ったので、わたしが「『コーランの中で一番大切な章を教えて上げよう』とおっしゃったではありませんか」と言うと、彼は「『讃えあれ、アッラー、万世の主……』で始まる七節、これがわたしに下された最も偉大な言葉である」と応えた、と。（ブハーリー『ハディース』牧野信也訳、中公文庫、二〇〇一年）

前述したように、ハディースには信憑性の問題がつきまとう。自分の意図に合った偽ハディースをつくって広めることは可能であり、実際にそのようなことが行われてきた。そこで真偽を判断するために、どのような人物たちのルートでそのハディースが伝えられたのかが重要となる。この人物経路は「伝承者たちの鎖（イスナード）」と呼ばれ、これも伝統的にイスラームの宗教学問の一分野とされた。さきほど引用したハディースには、「アブー・サイード・ブン・アル・ムアッラーは語った」とあったが、これはムハンマドと直に接して、見聞きした人物である。実際のアラビア語原典では、この人物からその逸話を聞き、またさらに伝えられた何人もの名前が後に続いているが、翻訳の際に読者の煩雑さをさけて割愛されている。この人物の名のつながりが「鎖」なのである。

そしてクルアーンを解釈する際には、まずこのハディースに依拠することが王道であった。信憑性には注意が払われはするが、実際のところ、時代が下るにつれて、古いハディース集には含まれていないものが多く引用されるようになっている。

イブン・カスィール（一三〇一―七三）はシリアのダマスカスで活躍した人物で、クルアーン解釈学史のなかで最も重要な学者の一人である。彼はその解釈書『偉大なるクルアアーンの解釈』において興味深い解釈方法論を提示している（この解釈書は比較的コンパクトでもあり、宗教的に熱心なムスリム家庭でしばしば見かけることがある）。

イブン・カスィールによれば、まずクルアーンの意味を知るためには、クルアーンの他の関連する内容の句を参照する必要がある。これは「クルアーンによるクルアーン解釈」と呼ばれ、ある意味で極めて基本的な解釈方法である。なぜならば、クルアーンの、つまりアッラーの意図を純粋に理解するためには、クルアーン以外の情報を用いないのが最も確実だからである。

次にそれでも意味がはっきりしない場合は、「スンナ」を用いる、という。「スンナ」とは「慣行」の意味で、ハディース（預言者ムハンマドの言行伝承）で伝えられるムハンマドが普段から行っていたことや述べたことを指す。つまりここでは、ハディースを用いてクルアーンを解釈する、ということである。

さらにそれでも意味がはっきりしない場合は、「サハーバ」の言葉を用いる。「サハーバ」とは「教友」とも訳され、預言者ムハンマドと同時代に生きた信徒のことである。

最後にそれでも意味がはっきりしない場合は、「タービウーン」の言葉を用いる。「タービウーン」とは「後に続く者たち」の意味で、ムハンマドの死後に生まれたが、「サハーバ」とは接した世代のことになる。つまり後の二つは、イスラーム最初期の世代の人々の言動を伝える伝承ということになる。

このように、クルアーンと伝承でもってクルアーンを解釈することが、イブン・カスィールの提唱する方法論である。この解釈方法は「伝承による解釈」というカテゴリーの典型例と言え、ムハンマドやその後のムスリム共同体初期の世代の人々の伝承に依拠することでアッラーの意図を理解しようと試みる手法である。しかしこの解釈方法には長所もあるが短所もある。

長所はすでに述べたように、解釈者の意図をできる限り排し、アッラーとその使徒であるムハンマドの意図を純粋にすくい上げようとしている点である。つまり解釈者独自の思想や、解釈が書かれる時代背景や社会の影響は極めて少ないということである。

他方、短所は長所の裏返しであるが、時代の要請に応えるという解釈のダイナミズムが失われがちだということである。「伝承による解釈」は長く学問的研鑽を積んだ優れた学者のみによって可能となるものである。それはつまり、イスラームの伝統的学問の枠から大きく外れることはなく、伝統を順守し、一字一句を精査する訓詁学的解釈に流れがちということである。そして一般の学徒や宗教学者たちもその手法を踏襲していった。

だが、この「伝承による解釈」が近代以前の解釈の主流であった。例えばタバリー（八三八―九二三）の『クルアーンの解釈における説明集成』という解釈書が代表的存在である。彼は現在のイラン出身であるが、アラビア語で書いている。これはクルアーン解釈の基礎的著作で、極めて大部であるが、その後の解釈者たちが常に参照してきたものである。その解釈手法は、一つのクルアーンの句に関連する、当時流布していた数多くの伝承を引用し、見解の相違ごとに分類して提示するというものである。タバリー自身がどの見解をとっているのかは明記されていることもあるが、何も言及されないままであることが多い。

近代以前にはこういった「伝承によるクルアーン解釈」が最も高く評価されていたが、他方、「個人見解（ラアイ）によるクルアーン解釈」というジャンルも認められていた。アラビア語で「ラアイ」が「個人の見解」を意味し、その名称の通り、伝承以外に解釈者の見解も解釈として提示される。例えばザマフシャリー（一〇七五―一一四四）という高名な神学者が『啓示の真理の開陳と解釈の諸側面に関する諸言説の本質』という解釈書を著している。この解釈書はクルアーンの句をアラビア語言語学的に分析したもので、現在に至るまで貴重な文献と高く評価されている。彼もタバリーと同じくペルシア系であるが、もちろんアラビア語で著している。

ただ、ザマフシャリーはムウタズィラ派という独特な神学派に属していた。この派は合理主義的神学とも呼ばれ、八世紀頃から、神の唯一性と正義の議論を中心に理性を重視した神学体系をつくりあげた。アッバース朝カリフのマアムーン（在位八一三―三三年）がこの派に入れ込み、公的神学とし、他の伝承重視の学者たちを弾圧したこともあった。しかしその後、このムウタズィラ派は正統神学としては認められず（正統神学はアシュアリー派という中道の神学がその地位を得た）、現在に至っている。よってザマフシャリーの解釈書はスンナ派の正統的学者の立場からすると認めづらいものではあるが、その内容の意義を評価して、思想的偏向に留意して読むことは許されている。

このように「伝承による解釈」以外にも認められる「個人見解による解釈」があるわけであるが、それをどこまで許容するのかが大きな問題となる。イスラーム神秘主義（スーフィズム）やシーア派の教義に基づくクルアーン解釈書も多く著されてきたが、スンナ派の伝承主義者は否定的にとらえることが多い。しかし、このような保守的な状況が一変したのは、やはり近代に入り、西洋の影響を受け始めたことによる。

近代以降の解釈の多様化

近代とは日本でもそうであるが、西洋と対峙することで進められてきた時代である。日本の一八五三年の黒船来航に比されるものは、一七九八年に始まったエジプトへのナポレオン遠征であろう。ムスリム社会には、日本より五〇年ほど早く「文明の衝突」が生じたのであり、当時のエジプト社会がフランスの軍事力に衝撃を受けた様子が資料に残されている。言うまでもなく、中東は日本より欧州に近く、それだけ衝撃が直接的かつ継続的で大きなものであった。エジプトのムハンマド・アリー朝をはじめ、トルコのオスマン朝やイランのカージャール朝といった中東のムスリム諸王朝は改革を進めるが、西洋列強の支配に絡め取られていき、植民地化されたのである。

このことがムスリム知識人たちの目を新しい地平に向かせ、これまでの社会のあり方に疑問を感じさせるようになったのも想像に難くないであろう。そしてそれがクルアーン解釈の領域にまで及ぶのも時間の問題であった。エジプトの伝統的な宗教学者（ウラマー）の出身であるムハンマド・アブドゥ（一八四九―一九〇五）もまた自分たちの社会の停滞と西洋の影響力の大きさに危機感を覚え、それまでのウラマーの枠を出た行動を起こした一人であった。その彼が残したのが、クルアーン解釈史上、近代の幕を開けた解釈書だと言える『マナール（灯台）のクルアーン解釈』である。

アブドゥは、一八四九年にエジプトに生まれ、その後、エジプトを代表する宗教組織であるアズハルで学び、ウラマーとなった。しかしアズハル在学中に、イスラーム社会の内部改革、帝国主義への抵抗、ムスリムの連帯を説くイラン出身のアフガーニー（一八三八／九―九七）の弟子となる。八二年に民族運動（オラービー運動）に参加したことで、国外追放となり、パリに亡命した。エジプトに帰国後、弟子でレバノン出身のラシード・リダー（一八六五―一九三五）が発行した雑誌『マナール（灯台）』に、アブドゥのクルアーン解釈がリダーの注釈を加えて連載され、大きな反響を呼んだのであった。

この解釈書の最大の特徴は社会問題に言及していることで、解釈手法は伝承の援用が少なく、「個人見解による解釈」の範疇に入れられる。つまりこれまでの宗教学者（ウラマー）たちのサークルのなかで連綿と続けられてきた保守的な解釈状況を打破する、画期的な解釈だったのである。実際にこの解釈は雑誌に掲載されていたことからも分かるように、一般の教養ある人々を読者層として設定していたのであり、西洋、特に当時のイギリスによる占領によって逼迫しているエジプトのムスリム社会に改革を訴えかけることが目的とされていた。

『マナールのクルアーン解釈』以降、クルアーン解釈の制限が解かれたかのように、百花繚乱と言えば言い過ぎかもしれないが、多種多様な解釈書が世に問われるようになった。大きな特徴は、ウラマー出身ではない解釈者が伝承にのみ準拠しない解釈方法論で、時代や社会の影響を除外することなくクルアーン解釈を提示していることである。例えば、エジプト出身で、ムスリム同胞団のイデオローグとして活躍し、後世に大きな影響を残した思想家サイイド・クトゥブ（一九〇六―六六）の『クルアーンの蔭で』、パキスタンのイスラーム国家としての成立を理論化した思想家マウドゥーディー（一九〇三―七九）の『クルアーンの意味』、クルアーンを西洋科学の視点から解釈したエジプトのタンターウィー・ジャウハリー（一八七〇―一九四〇）の『クルアーン解釈の本質』、またクルアーンを文学の視点から解釈したエジプト人女性学者ビント・シャーティウ（本名はアーイシャ・アブドッラフマーン、一九一三―九八）の『クルアーンの修辞的解釈』など多様な解釈書が世に出たのであった。

またさらに現在は、解釈の方法論を論じる思想家が多く登場している。これは近代以降の特徴的な現象で、パキスタン出身でアメリカの大学で教鞭をとったファズルル・ラフマーン（一九一九―八八）やエジプト出身でオランダの大学で教鞭をとったナスル・ハーミド・アブー・ザイド（一九四三―二〇一〇）、といった西洋社会と関わりの深い学者たちがそれぞれの論を展開している（ちなみにアブー・ザイドは研究のために日本に滞在したこともある。彼については最終章でとりあげたい）。ラフマーンは、クルアーンから一般的な法則を見出し、具体的な立法作業へと導く「二重運動理論」（六六頁参照）を提唱し、アミナ・ワドゥードや、またインドネシアのイスラーム学者ヌルホリシュ・マジッド（一九三九―二〇〇五）などのクルアーン解釈に大きな影響を与えた。ラフマーンはパキスタン出身であったが、保守派の批判が強まって自国で研究を続けることが難しくなり、アメリカのシカゴ大学で教鞭をとるに至った。「ネオ・モダニズム」とも呼ばれる新しいイスラーム理解を提唱し、クルアーン解釈の分野以外にも大きな影響を残している（第Ⅱ章参照）。

クルアーン諸学

他方イスラームの宗教学問のなかには、伝統的に「クルアーン諸学（ウルーム・アル＝クルアーン）」という分野がある。一般的にこの分野の対象となるテーマは、「クルアーンの結集」、「メッカ期とメディナ期の啓示」、「啓示の諸原因」、「破棄された句と破棄する句」、「明瞭な句と不明瞭な句」、「読誦の流派」といったものである。このように伝統的なクルアーン学の関心もまた、クルアーン成立の経緯とともに、その内容の理解について向けられている。だが、個々の句の背景や句同士の関係に焦点が当てられており、クルアーン全体の意図やテーマを設定するという意識は見られない。それは「個人見解」につながるからである。

　また「クルアーン諸学」においては「どのような者がクルアーン解釈者（ムファッスィル）になり得るか」という点についても多少論じられてきた。興味深いことに、近代以前も以後も、この伝統的な学問分野においては、解釈者にはイスラーム諸学やアラビア語学に習熟していること、高潔な信徒としての人格をもつことが共通した条件として挙げられ、そして「個人見解（ラアイ）」をいたずらに用いないことも示唆されてきた。

　すると本書でとりあげる四人の解釈者たちは、この伝統的なクルアーン解釈者の定義に当てはまるだろうか。それぞれのアラビア語の能力や信徒としての人格については測り兼ねるが、誰もアラビア語を母語とはしておらず、かつ、解釈書を英語（ギュレンのものはトルコ語から英語に翻訳された）で著していることは確かである。さらに「個人見解（ラアイ）」の使用に関して言えば、実際のところ四人とも用いている。伝承の使用程度は様々で、ワドゥードはほとんど用いず、フィリップスは多用している。概して今回とりあげる四人の現代解釈者たちは、「個人見解」を用いつつ、英語読者に対して解釈を提示しようとしている、ということが言えるだろう。

彼（女）らはこれまで本章で述べてきた解釈史の影響を受けつつ誕生した。もちろん影響の受け方は様々で、その影響について明示的であったりなかったり、またそれに対して批判的であったりなかったりする。だがいずれにしても、解釈者たちはそれまでの長い解釈史を踏まえた上で、自らの必要性から出発してさらに新しい解釈を提示しようと試みているのである。では次にいよいよ、解釈者たちの内面に踏み込んでいきたい。

＊1　よってもし時代を追って読みたい場合は、一一四章から逆に読んだ方がよいということになる。クルアーンには日本語訳（ムスリムはアッラーの言葉であるクルアーンの「翻訳」を認めないため、「解説」にすぎないことになるが）はいくつかあるので、巻末の参考文献を参照していただきたい。
＊2　「六書」のうち、他の四つの書の書名は全て『スナン』で、編者は以下の通り。イブン・マージャ（八二四―八七）、アブー・ダーウード（八一七―八八九）、ティルミズィー（八二五―九二）、ナサーイー（八二九―九一五）。

Ⅱ アメリカ人「フェミニスト」の模索

――アミナ・ワドゥード

1　アフリカ系アメリカ人としての差別と改宗

アメリカの黒人差別

バラク・オバマ大統領が誕生したにもかかわらず、いやむしろ誕生したことによって、日本でも、アメリカ合衆国におけるアフリカ系（黒人）に対して差別が未だに強く残っていることを見聞きするようになった。主に西アフリカから奴隷として強制連行された人々の子孫が、アメリカに根を下ろし、生き延びて今に至るまでの道のりは極めて困難なものであった。リンカーンによる奴隷解放やキング牧師による公民権運動について世界史としての知識があっても、人種問題が大きなものとはなっていない日本人に、その根深さを理解することはなかなか難しい。

オバマ大統領夫妻はともにアフリカ系アメリカ人である。バラク・オバマ大統領は奴隷の子孫としてのアフリカ系ではなく、ケニア出身の父から生まれたアフリカ系アメリカ人であるが、彼に対する人種差別的な攻撃発言は後を絶たない（ちなみに父がムスリムであり、自身も「フセイン」というムスリムに多いミドル・ネームを持つことからも、大統領としての資質を攻撃されたことがあった）。またその妻のミシェルも貧困のなかから優秀さを認められて弁護士にまでなっているが、大統領夫人になった今も「黒人女性」に対するネガティブなイメージが原因で攻撃されることがある。

このように大統領夫妻でさえもその人種が敵対者たちの恰好の攻撃の的になるのであり、十分な教育を受けるチャンスを得られなかったアフリカ系の人々の生活は決して楽なものではない。未婚の母になる率や犯罪率の高さ、平均寿命の短さなど、貧困のなかで喘ぐ姿がデータとして表れている。そしてそれは、アミナ・ワドゥードの生家にも見られたことであるが、このことは少し後で述べることにして、まずは彼女のようなアフリカ系ムスリム改宗者が生まれた背景

アミナ・ワドゥード

について見ていきたい。現在、アメリカ合衆国には二〇〇万―八〇〇万人のムスリムがいて、そのうち新規の移民系が三〇パーセント程度、改宗者のなかで最大の集団であるアフリカ系が二五―四〇パーセントと推定されている。

これまでアメリカ社会のなかで差別され続け、苦しい生活を余儀なくされてきたアフリカ系の人々のなかから、その状況を打開し改善するための活動がいくつも生まれた。そのうちの一つが、一九六〇年代に盛んになったキング牧師の公民権運動である。この運動とほぼ同時期に注目されたアフリカ系の運動組織が、ネーション・オブ・イスラーム（以下、NOI）である。日本ではマルコムXが所属していたグループと言った方が通りがよいかもしれない。

NOIは一九三〇年にデトロイトでファードという謎の人物が始めたとされる。彼はアフリカ系の人々に、白人によって奪われた彼らの本来の「民族（ネーション）」を取り戻そうと説いた。その後、イライジャ・ムハンマドが後継となり、組織はさらに拡大する。その思想は、白人を悪魔として黒人よりも劣っているとみなし、イスラームに基づきつつ黒人の生活を改善しようとするものであった。ただしそのイスラーム理解はスンナ派の基本教義からは大きく逸脱しており、当時はムスリム移民の数も少なく、歪められた情報がそのまま信じられた。

この歪みに気付いたのがマルコムXであった。彼は投獄されていた際にNOIの教えに触れて入信する。当初イライジャ・ムハンマドに心酔し、一九五〇年代以降、組織のスポークスマンとして活躍し支持を集め、組織もさらに拡大する。だがマルコムXはNOIの教義に疑問を抱き、退会する。そしてメッカ巡礼（ハッジ）を行い、イスラームにおいて人種差別などはなく、黒人も白人もアッラーの前では同じ人間に過ぎないということを体得する。このようにマルコムXはハッジに赴くことでイスラームの本来の教えを知ることができたのであったが、現在のNOIは今でも白人を否定的にとらえる過激思想を持ち続けているとされる（マルコムXはハッジから帰国後、一九六五年に何者かに暗殺されている）。

このようにアフリカ系アメリカ人がイスラームにアイデンティティを求める動きが起こることには理由がある。アメリカ最初のムスリムは西アフリカから連行されてきたムスリム奴隷だったと考えられている。実際、資料は少ないが、当時の様子を伝えているものが残されており、大変興味深い。

例えば一八世紀前半に現在のセネガル付近から奴隷として連行され、大西洋を渡ってメリーランド州に移り住むことを余儀なくされたアユバ・スレイマン・ディアッロという人物がいた。彼はアメリカのタバコ農場で働きながら、ムスリムとして礼拝などを続けていた。彼は何度か脱走を試み、またクルアーンを暗記するなどアラビア語や宗教に関する教養があったため、父にアラビア語で手紙を書いた。白人たちはその教養に驚き、彼は白人の援助でイギリスを訪れ、奴隷の身分から解放されてアフリカに帰ることができたという。

このような運の良いケースは極めて稀ではあったが、ここからムスリムが奴隷としてアフリカからアメリカに連行されていったという歴史的事実を確認することができる。よって、差別されて疲弊したアフリカ系アメリカ人のなかから、自分たちを収奪し差別し続けてきた白人のキリスト教ではなくイスラームに帰依し、アフリカのムスリムという原点にそのアイデンティティを戻そうとする動きが出てくるのは自然なことであった。

マルコムXは巡礼時のことをこう述べている。

今回は史上最高の巡礼者の数だったとあとで聞いた。トルコ議会のカセム・グレクは、トルコだけでも六〇〇台のバスが出て、五万人のイスラム教徒が巡礼を行なったと誇らしげに私に告げた。アメリカのイスラム教徒も、巡礼のために船や飛行機でメッカに大挙して押しかける日がくるのを夢みている、と私も彼に告げた。

大群衆には、色のパターンがある。これに気がついて、その後は注意ぶかく観察するようになった。アメリカ人であるということは、肌の色に関してひじょうに敏感になるということだ。同じような外見の人たちは寄り集まってそのままかたまってしまう。これはまったく自由意思によるのであって、ほかになんの理由もない。だが、アフリカ人は自然にアフリカ人といっしょになる。パキスタン人はパキスタン人といっしょになる、という具合だ。帰国したらアメリカ人にこの観察を話してやろうと決めた。いろいろな肌の色のあいだに同胞愛があり、だれも差別されている感じがなく、〝優越〟感も〝劣等〟感もない――そうなったとき、同じ人種の人びとが、その共有するものによって、自由意思で自然に、おたがいに引きつけられるような気持ちになるのである。（マルコムX『完訳 マルコムX自伝』濱本武雄訳、中公文庫、二〇〇二年）

ここから改めて皮膚の問題、つまり人種差別がアメリカ社会にいかに根深く存在し、マルコムXの心に突き刺さっていたのか、そしてどれほど彼がイスラームの平等さに感服しているのかが浮き彫りになるだろう。

ワドゥードの半生

アミナ・ワドゥードの名は日本ではまだまだ知られていないが、[*1]アメリカでは知る人ぞ知る存在である。『アメリカ合衆国におけるイスラーム百科事典』（二〇〇七年）には彼女の項目があり、その一部を紹介すると以下のようなことが述べられている。

アミナ・ワドゥード

イスラーム学を専門とするヴァージニア・コモンウェルス大学哲学宗教学科の教授であると同時に、女性人権問題の活動家。学術書や二〇〇五年三月にニューヨークで八〇—一〇〇人の男女のムスリムを率いて行った礼拝で知られる。この礼拝は、〔エジプトの〕アズハル大学総長やカタールを拠点にするユースフ・カラダーウィー（一九二六— ）などを巻き込んで大きな論争を起こした。

一九七〇年代初期にイスラームに入信し、ミシガン大学に進学、この頃、イスラームにおける正義や女性がどう扱われるべきかについて深く思い悩む。そこでこれをテーマに博士論文を書き、最も重要で論争の多い彼女の著作『クルアーンと女性』が一九九九年〔初版は一九九二年〕に刊行された。

このようにワドゥードは学者兼活動家の「フェミニスト」[*2]であり、クルアーン解釈と礼拝導師としての活動で広く知られる。彼女自身がその半生を振り返る著述があり、それによれば次のようなものであったという。ワドゥードはメリーランド州の田舎で自然に囲まれて育った。父のことを敬愛し父に対しては安寧を感じたが、母に対しては緊張感を持って接していたようである。一一歳の頃、土地代が払えずに家を追い出され、車で寝泊まりするようになる。母が家を出たため父と兄弟と一緒に極めて不衛生で貧しい放浪生活を余儀なくされた。その後、ワシントンDCに移り、ようやく家に住むことになったが、そこでの生活も楽ではなく、「生き残りのための策略」が必要だったと述べている。その後ワドゥードは持ち前の優秀さから試験で高得点を取り、一五歳の時に家族から離れ、ボストンの白人地区の高校に入学することになった。しかしその学校では「黒人」は二人のみであり、彼女は常に「黒人女性」としてしか扱われなかった、という。

大学在学中の一九七二年に改宗し、そのあと、ミシガン大学でアラブ・イスラーム学の博士号を取得した。彼女のクルアーン解釈書『クルアーンと女性――聖なるテクストを女性の視点から読む』はこの博士論文を基に執筆されており、初版が刊行されたのは九二年、大学で教鞭をとっていたマレーシアにおいてであった。この解釈書の冒頭には「この書はクルアーンによって表現される信仰の声を聞こうと奮闘している全ての人たち——特にシスターズ・イン・イスラームに捧げる」との献辞がある。ワドゥードは八九年にこのシスターズ・イン・イスラームというNGO組織のメンバーになっているように、マレーシアの女性の権利のために活動するグループには、共感を持って関わっていた。

ワドゥードは最近インドネシアで研究生活を送っていたことからも分かるように、東南アジアのイスラーム国に強い親近感を持っているが、対してアラブ諸国には違和感があるようだ。彼女は改宗の後にリビアに二年ほどいたが、そこでは男女平等の実践を見出すことはできず、その理論や活動の場を他に求めるようになったという。そしてそれをマレーシアのシスターズ・イン・イスラームで見出したのである。またこの発言は彼女のアラブ観を理解するのにとても興味深く、後述するようなアラビア語に対する強烈な距離感はこのような経験にも関係するのかもしれない。

ワドゥードは現在も世界中で活動しており、彼女自身のメッカ巡礼などの様子をTwitterを通してつぶさに知ることができる。特に彼女が世界的に注目されるようになったのは、二〇〇五年にニューヨークで礼拝の導師（イマーム）を務めて以降であろう。ムスリムは礼拝（サラート）を複数の人々と一緒に行う際、導師を先頭にしてそれに従って一斉に行う。伝統的に礼拝の導師は男性が務めるものとされてきた。集団の礼拝は男女別の仕切られた場所で行うか、または男性の列の後ろに女性の列ができることが一般的である。よってワドゥードが導師を務めたことは画期的なことであった。ニューヨークでは、当初モスクでの実現を模索したがどこでも受け入れられず、結局キリスト教の教会で行い、この行動は大きな反響を呼んだ。

実はワドゥードは南アフリカのケープタウンで一九九四年に金曜礼拝で説教（フトバ）を行っており、現地でアパルトヘイトに立ち向かっていたファリド・イサク（第Ⅲ章参照）はワドゥードのこの行動を評価している。また彼は、正義と宗教的多元主義（プルーラリズム）に関して彼女と自分との間に共通性を見出したという。ワドゥードもイサクに関して、彼女の著書『ジェンダー・ジハードのなかで』で共感を持って幾度か言及している。この二人の解釈者たちは「進歩派ムスリム（プログレッシブ・ムスリム）」であり、二人の解釈書を「解放の解釈学」と呼ぶ学者もいる。このように両者の立場は近いものであり、それは出自の類似性によるものも大きいであろう。

2　男女平等の視点によるクルアーン解釈

伝統的解釈方法論の否定

ワドゥードのクルアーン解釈方法論は、男性中心の伝統的な解釈の批判である。彼女によれば「伝統的解釈」はクルアーンの節ごとに逐語的に注釈されているために「分断され（アトミスティック＝原子的）」、よって他の箇所との関連が考慮されず、かつ全体を通しての何らかの「テーマ」への関心がなく、さらに男性による男性中心の観点から解釈されている、と批判している。このように伝統的解釈を真っ向から否定し、そこからの訣別を主張しているのである。このようなことが可能なのは、彼女自身が伝統的なイスラーム教育を受けた宗教知識人（ウラマー）ではなく、マイノリティ・ムスリムとして従来のイスラーム社会の外からクルアーンを見ているからであろう。

ちなみにウラマーとは、イスラームの宗教知識人を意味するアラビア語で、イスラーム諸学を長きにわたって学んだ者たちのことである。彼らはマドラサという教育機関でクルアーン学や伝承（ハディース学）、法学、神学、アラビア語学などを学ぶ。修了後は、官僚や裁判官、学者、教師、モスクの導師（イマーム）などの職につき、社会的に影響力のある地位を占めてきた。現在では例えばエジプトのアズハル大学を出て、ウラマーになる者が多くいる。

彼らのクルアーン解釈に対してワドゥードは自分自身の解釈を「全体的（ホリスティック）な解釈」と呼ぶ。それは現代の社会、倫理、経済、政治、そして女性といった様々な関心からクルアーンについて再考する比較的新しい手法であるという。これはつまり、何らかの「テーマ」を定めてクルアーン全体を総合的に解釈するということである。このようにワドゥードは、クルアーンの文言を小さく分けてそれぞれを解釈するという伝統的な立場を批判しつつ、クルアーンの内容の相互関連性を重視し、それを全体的にとらえることで、新しい解釈を追求しようとしている。

ただし実はこれら二つの点はファズルル・ラフマーンの主張の継続でもある。彼もまた伝統的なクルアーンの解釈のあり方について、次のように批判している。まず法学の分野においては、個々の句を個別に解釈したために、クルアーンの基底を流れる統一性（ユニティ）を理解できず、この「分断的な」アプローチによって、しばしばまったく無関係の句から法が導き出されることもあった。また神学の分野においても、クルアーンの奥深くにある統一性から、その確固とした「世界観」を理解することができなかったために、イスラーム神学の理論も脆弱なものとなってしまった、と。このようにラフマーンは、クルアーン解釈の分断主義（アトミズム）と統一性（ユニティ、ワドゥードの言う「テーマ」への関心）の欠如を強く批判したのであり、ワドゥードはこれを継承し、女性の視点を独自に導入することで発展させたのである。

男性中心・アラブ中心主義への批判

ワドゥードは、クルアーン解釈の男性中心性とアラブ中心性を強く批判している。彼女の解釈の目的の一つは、「男性の解釈の多くに見られるステレオタイプな枠組みではなく女性の経験のなかからクルアーンの『読み』を提示」することであるという。また、これまでのクルアーン解釈は女性に関する内容でも男性解釈者によってなされ、女性がそれに反論することは困難だったと述べている。そしてさらに、彼女の解釈書の背景にある意図は、女性を蔑視する男性の「傲慢な態度」への挑戦であり、そのような偏狭なクルアーン解釈を認めるわけにはいかないのであると述べ、これまでの解釈の偏向を批判している。このように彼女がクルアーン解釈を書いた原動力は女性蔑視に対する強烈な憤りであった。ワドゥードはまた、男性中心の解釈を否定し、その返す刀でアラブ中心の解釈をも批判する理論を展開している。

ありがたいことなのだが、何世紀にもわたって歴史的に続いた、男性中心の読み方やアラブ・イスラーム的文化への偏重の足かせから解放された状態で、クルアーンについて研究をすればするほど、ますます私はこう確信するようになった。イスラームにおいて女性個人は、原初的にも宇宙的にも終末的にも精神的にもそして倫理的にも、完全なる人間であるということ。そしてアッラーを主、ムハンマドを預言者、イスラームを正しい宗教だと認めた全ての人たちのなかで平等な存在であるということを。

ワドゥードはこの男性とアラブへの二つの偏向は相関関係にあると考えており、そこでジェンダーの視点からアラビア語の限界を指摘するという、ムスリムとしては極めて特異な見解が表明されている。それによれば、クルアーンの言語であるアラビア語は、英語やマレー語と異なりジェンダーに特化された言語であるため、「前提テクスト」（後述）としてクルアーンの読みに影響を与えているのだという（ここでマレー語に言及されていることからも、彼女のマレーシアでの学究生活の影響が見受けられる）。

このことは、アラビア語には中性形がなく、常に男性形と女性形の違いが明白に表れることを指している。例えば「美しい」という形容詞は、女性（形）の場合は「ジャミーラ」、男性（形）の場合は「ジャミール」と語尾が明らかに異なり、男女のどちらを指示しているのかが明確になる。このアラビア語の特色を踏まえてワドゥードが主張しているのは、アラビア語以外からクルアーンのテクストにアプローチして、「ジェンダーに特化された言語という文脈から自由に」なる必要があるということである。これは言うまでもなく、クルアーンの、つまりアッラーの言葉そのものである「聖なる言語」のアラビア語への批判であり、大半のムスリムの反発を招きかねない過激な主張である。このような発言が可能となったのは、やはりワドゥードがアメリカ出身であることやマレーシア・イスラームという別のムスリムとしてのアイデンティティを見出していることによるだろう。

ただし、ワドゥードがクルアーンを否定的にとらえてアラビア語を批判しているわけではないことも確かである。彼女はクルアーンとは普遍的な存在なのであるから、むしろ一つの文化的背景、つまりアラブ文化や言語に限定すべきではないと考え、全ての文化の同等性を表明しつつ、クルアーンの超越性を認めている。彼女によれば、クルアーンが啓示された当時のアラビア半島の状況は家父長的で、女性を、子どもを産むための存在と見なす男性中心的文化であった。よってクルアーンの啓示にもこの文化的偏重が見られるという。しかしクルアーンの大原則は社会における調和のある平等な関係であり、それを究極的には理解し実現しなければならないとも主張している。

この発言もまたなかなかに過激である。彼女は、クルアーンも特定の時代や場所における文化という制限のなかにあり、それをそぎ落としていくことで本来の普遍的な教えを抽出することができると考えている。これは近代以降、ムスリムの学者たちが議論し続けてきた大きな問題であるが、クルアーンを文学作品や歴史資料と同等に相対的に見すぎることは、ムスリム共同体によって認められることはなかった。しかしワドゥードは切実に男女平等のクルアーン解釈を求め、男性優位社会を如実に反映しているアラビア語の優位を崩さなければ、クルアーン解釈における男性中心的解釈を乗り越えることはできないという考えに至ったのだと考えられる。

ラフマーンの「二重運動」理論

さてこのように過去の伝統的クルアーン解釈を全面否定するかのようなワドゥードであるが、その解釈書が依拠しているのが、ファズルル・ラフマーンの解釈理論、「二重運動」理論である。それによれば、クルアーンでは一般的な法則はあまり見られず、ほとんどが個別具体的な歴史的事柄に対する解決策や規則である。これは実際にその通りで、当時実際に起こった出来事や、当時の人々が聞き知っていた過去の伝説などに言及されることが多い。しかしラフマーンは、これらの解決策や規則の背後にある理論的根拠を明らかにして、そこから一般的法則、つまり法や制度の原則を導き出すことができると主張する。

そこで必要なのが、二つの「運動」であるという。「第一の運動」は、クルアーンで述べられている具体的な事柄から、当時の社会状況を考慮しながら一般的法則へと移す「運動」である。そして「第二の運動」とは、この一般的なレベルから、現在の社会状況を考慮しながら、具体的な立法作業に戻るという「運動」であるという。

イスラームの正しく現実性のある法制度の体系を成立させるためには、二重の運動がなくてはならない。第一に、クルアーンの具体的な事象の扱いから、全体的な教えがそこに収束するような一般原則に向けて動かなくてはならない。その時、関連する必要な当時の社会的状況を考慮にいれておくようにする。第二に、この一般的なレベルから、個別の立法に戻る運動がなくてはならない。その時、現在生じている関連する社会的状況を必要な限り考慮するようにする。

そしてワドゥード自身は、この理論を次のように理解して適応を試みている。

この方法は、個別事例をその特定の文脈のなかで理解し、個別事例を通してクルアーンの意図した原則を抽出し、そしてそれらの原則を多様な文化的文脈における他の個別事例に適応するというものであり、これまでの解釈方法論とは大きく異なっている。原則から個別へという運動は、原則が適応される個別の文脈の構成員のみによってなされ得る。ゆえに、クルアーンの解釈は終わることがないのである。

ワドゥードのテクストそのものに関する認識がどのようなものであったかと言えば、テクストには「書かれた文脈」、「文法構造」、「全体の世界観」という三つの側面があるという。言うまでもなく全てが重要な要素であるが、「書かれた文脈」や「文法構造」を踏まえつつ、最終的にはそれをそぎ落として「全体の世界観」を抽出することが、この「二重運動」理論の「第一の運動」に当てはまると言えるだろう。

ある特定の時間と場所で下された啓示における女性への態度が、クルアーンの個別表現を形成している。言及される関心事はその環境に特定のものである。これらの個別な事柄はクルアーン全体の意図ではない。

このように述べているように、彼女はクルアーンが啓示された当時のアラビア半島における男性中心の家父長的要素をそぎ落としたいと考えているのである。そして「第二の運動」によって「クルアーン全体の意図」が抽出され、その原則が社会に適応されるべきであるという。「それぞれの新しいイスラーム社会は、個別の事例によって意図された原則を理解しなければならない。これらの原則は永遠で、様々な社会の文脈に適応できるのである」。

「個人見解」の導入

さらにもう一つ、ワドゥードの解釈方法論で重要な概念がある。それが「前提テクスト」である。これは「個人の持つ認識、状況、背景のこと」や、「テクストが読まれる言語や文化的文脈」と説明されている。これはクルアーン解釈に解釈者の独自性を認める考え方であり、「個人見解」に通じるものだと言える。そして彼女は、どの解釈も決定的なものではなく、また自分自身の『クルアーンと女性』は現代女性のためのものだと述べている。これは「前提テクスト」を認めることで、解釈の多様性を許容することが可能になっていることを意味する。

彼女の考えによれば、「解釈」には「読み」と「注釈」の二種類があるが、どちらも「前提テクスト」の影響を程度の差はあれ受けているという。全ての「読み」はテクストの意図と同時に、「読み」を行う者の「前提テクスト」の影響を受けている。他方、「注釈」はより客観的なもので、こちらが一般的な「クルアーン解釈」である。そこでは伝統的な「クルアーン諸学」という学問分野が用いられるが、それでも「前提テクスト」を排除することはできないという。つまりクルアーン解釈の方法はどれも完全に客観的とは言えないのであり、それには「前提テクスト」の存在が大きく関わっていると考えている。この「前提テクスト」は、「個人の持つ文化的背景」とも呼ぶことができるだろうが、クルアーン解釈史の観点から見れば、「個人見解」の概念に極めて近いと言え、『クルアーンと女性』は明らかに「個人見解によるクルアーン解釈」に属すことになる。だがワドゥードも指摘しているように、「個人見解」の重視には危険性が伴う。

ある一人の読み手（解釈者）が、自分の世界観や前提テクストのみが可能であり容認され得ると主張すれば、他の文脈にいる読み手がテクストと自分自身との関係を構築することを妨げてしまう。

これを踏まえてワドゥードは、特定の前提テクストのみを優先して認め、それ以外の解釈の可能性を否定することに異議を唱えている。クルアーンはその「原理的で不変の原則を持つということを理解した上で、それぞれの社会において読む（解釈する）必要があり」、テクストやその原則は不変であっても「人々の共同体におけるテクストの原則の理解、適応のキャパシティや独自性」は変化するという。このようにワドゥードは多様な前提テクストとそれらに基づく多様な解釈の存在を肯定している。つまり解釈の多元性を認めているのである。

対等な男女関係の構築を求めて

ワドゥードのクルアーン解釈書は広く知られており、その画期的な内容から、賛否両論が見られる。筆者も世界各地のムスリムたちにこの解釈書について尋ねてみたが、反応は様々で興味深いものであった。例えば、ある東南アジアの国のリベラルなムスリム女性はワドゥードには賛成しつつも、前述したシスターズ・イン・イスラームの活動方針は納得できない、と言っていた。また、ある在米のリベラルを自任するムスリム男性は「あの解釈書の言っているのは当たり前のこと」と言いつつ、実際の家庭生活は極めて伝統的な形態となっていた。さらに、アラブ首長国連邦では発行禁止になり、他方、カイロの出版社からはアラビア語翻訳書が刊行されている。このように解釈書への反応を見るのは、聖典解釈が宗教学者ではなく一般の読み手のためのものであることを実感させられ、とても興味深い。

この解釈書の特徴は何よりも、女性解釈者が女性に焦点を当てたという点であろう。女性解釈者は前述したようにビント・シャーティウがいるが、その解釈書は言語学的分析であり、内容にジェンダーに関する視点は見られなかった。またワドゥード以前にも女性に焦点を当てた解釈書はあるが、極めて女性差別的なものであった。エジプトで刊行されたアッバース・アッカード（一八八九―一九六四）の『クルアーンにおける女性』がそれだが、これはワドゥード自身が『クルアーンと女性』のなかで徹底的に批判している。

またワドゥード以降、アスマ・バルラス（一九五九― ）やニマト・ハーフェズ・バラザンギ（生年不詳）などによって、女性に焦点を当ててクルアーンを理解しようとする著作が出されており、『クルアーンと女性』の影響の大きさがここからもうかがえる。バルラスやバラザンギはともに移民系ムスリム女性学者で、それぞれパキスタンとシリアからアメリカに移り住んでいる。特にバルラスはワドゥードを高く評価し、クルアーンを「自分自身のために」もう一度読み直すことを人々に勧め、彼女自身も二〇〇二年に『イスラームにおける信仰する女性――クルアーンを家父長的に解釈しないために』という著作を著している。バラザンギも教育学の視点から『女性のアイデンティティとクルアーン――新しい読み』を〇四年に刊行している。

さらにワドゥードがアフリカ系アメリカ人改宗者であることは、この解釈書の生まれた背景の一要素として重要である。アフリカ系アメリカ人ということで言えば、イスラーム組織NOIのイライジャ・ムハンマドもクルアーン解釈と呼び得るものを著しているが、その関心の中心はアメリカの黒人を白人の優位に置くことであり、結局はNOIのメンバーにしか読まれることはなかった。しかしワドゥードの解釈はアメリカだけでなく、世界中から注目されている。それはグローバル化によって情報の伝達が迅速化したというためだけではなく、ワドゥードのジェンダーという問題関心が世界的に共有されているためであろう。

さらにもう一つ、改宗者によるクルアーン解釈書も決して多くはなく、この点も興味深い。例えばフランス人医師であったモーリス・ブカイユ（一九二〇—一九八八）はキリスト教からの改宗者で、『聖書、クルアーンそして科学——近代的知識の見地から聖典を検討する』という書を一九七〇年代に出している。西洋的科学とクルアーンが矛盾しないことを証明する護教的性格の強いもので、一種のクルアーン解釈と言える内容になっている（これは前述したジャウハリーのような「科学的クルアーン解釈」の流れに属す）。さらに本書において後でとりあげるビラール・フィリップスも改宗者であるが、この解釈は伝統的な手法や世界観の影響を強く受けている。このように改宗者によるクルアーン解釈は、聖典解釈に必要な知識の膨大さからすると簡単ではないように見られるが、ただしその分、それが可能となった場合、独自の視点から解釈を提示することができるであろう。

人類共通の源としてのナフス(魂)

ではまず、ワドゥードの基本的な男女観を見ていこう。ここで重要になるのは「ナフス」という概念である。このアラビア語は「個人」「自身」や「魂」という意味を持ち、クルアーンでも多く用いられる。ワドゥードは『クルアーンと女性』の第一章「始まりにおいて、男性と女性は平等であった――クルアーンにおける人間の創造」で、クルアーンの基本的な男女観の解釈を提示している。ここが「第一の運動」にあたり、彼女の解釈全体の基盤となっている。

この基礎的概念は、クルアーンに描かれる人類創造から解釈され、導き出されている。クルアーンの創造物語は聖書で描かれている内容と似ており、ユダヤ教・キリスト教・イスラームの思想的枠組みの共通性をよく示すものである。まず天地の創造の描写であるが、クルアーンによればアッラーが「あれ」と命じることで「即ちある」状態になる(三六章八二節)、つまり創造がなされるという。実際にアッラーは六日間かけて天地を創造し、その後玉座に鎮座した（五七章四節）とクルアーンにある。

ワドゥードのナフス解釈は主に、最初の人類の創造を語るクルアーン四章一節の解釈を通して提示されている。一般的な訳は次のようなものになるだろう。

アッラーは一つのナフスから〔ミン〕あなた方〔人類〕を創り、〔そのナフス〕から〔ミン〕その伴侶〔ザウジュ〕を創り、そしてこれら二つから多くの男女を〔地上に〕広めた。（傍線引用者）

この句は一般的に、アダムとその妻イブの創造を描くものと解釈されている。特に聖書の記述（『創世記』二章二一―二三節）との類似性から、アダムの肋骨からイブが創られたと解釈されることが多いが、ワドゥードはそのような伝統的解釈を批判している。このような解釈に基づくと、最初に創造されたアダムが完全で完璧で優れていて、第二のイブはそれとは同等ではなく劣っていると解釈されてしまうためであるという。

そこでワドゥードは、通常「から」と訳されるアラビア語の前置詞「ミン」の解釈を鍵として、このような伝統的解釈を乗り越えようと試みている。彼女はこの前置詞「ミン」

には「から」と「と同じ本質で」という二つの意味があると指摘する。そしてこの句の最初の「ミン」を「から」で、次の「ミン」を「と同じ本質で」と解釈しようとしている。すると次のような訳になるだろう。

アッラーは一つのナフスから〔ミン〕あなた方〔人類〕を創り、〔そのナフス〕と同じ本質で〔ミン〕その伴侶〔ザウジュ〕を創り、そしてこれら二つから多くの男女を〔地上に〕広めた。（傍線引用者）

すると、最初の人間と二番目の人間はともにナフスから創造されたと解釈することが可能になり、アダムとイブの間に優劣関係が存在しなくなるのである。

またワドゥードはナフスに関して「人類共通の源」という意味で解釈している。よってこの句の意味はこうなる。

偶然にも地上に広がった結果、多様な言語や肌の色を持つ多様な民族や部族、国民が形成されてはいるが、実のところ私たち全ては同じ唯一の源を持っている。

ここでは多様な文化や人種・民族、国民などの根源としてナフスが定義されており、これはワドゥード自身の平等思想を支える思考である。またここで言及されている「民族や部族」という言葉はクルアーン四九章一三節にある言葉で、これは多文化共存を示唆する重要な句であるため、後にふれることにしたい。

続いてこの人類創造に関するクルアーンの描写に関して、ジェンダーの視点からの重要な解釈が提示される。

クルアーンに描かれる創造を見ても、アッラーは男性でもって人類の創造を始めようとはしていないし、人類という種の源がアダムだとも述べていない。アッラーがアダムつまり男性のナフスで創造を始めたとさえ言及されていない。このような省略がなされているのは、クルアーンにおける人類創造がジェンダー的な観点では表現されていないためだということに注目する必要がある。

ワドゥードの解釈テクニックとして、クルアーンに書かれていないことを敢えて読み込むことはしない、というものがある。この解釈はその一例であるが、彼女は「アダムが最初の人類」とクルアーンで明言されていないことを指摘し、男女どちらが最初でどちらがその次であるのかということが、クルアーンの創造の描写においては重視されていないという解釈を提示している。言うまでもなくこれは、男女の優劣をクルアーンが説いていないということを示す解釈である。

続いてワドゥードは「伴侶（ザウジュ）」の解釈に入り、ここで男女両性は相互依存的で平等な関係であることが示される。アラビア語では「夫」は「ザウジュ」、「妻」は「ザウジャ」と語尾で男女が区別される。この句の「ザウジュ」は男性形であるが、一般的に第二に創造されたイブ、つまり最初の女親を指すとされる。しかしワドゥードは、この点に着目し、男女平等の解釈を追求していく。彼女は、「ザウジュ」は文法的には男性形であり、概念としては男性でも女性でもなく、クルアーンでは人間以外に動植物にも用いられることを指摘する。つまり「伴侶」がイブであるとはクルアーンで明言されてないのである。

そして、男女二つの性の本質的関係について解釈が展開される。まずクルアーン五一章四九節を引用する。

また万物全てに対を創造した。お前たちが訓戒を受け入れるだろうと考えて。

ここからワドゥードは、創造においては全てが「対」になっており、「ジェンダーが二つあること」は不可欠な要素だと解釈している。そしてこの「対」は、性質や特徴、機能において多少の相違があるが、一つの全体として一緒になるべく調和し共存する二つの部分から成っているという。よって夫は妻に対して夫なのであり、現世においてはそのような対にある者の存在はもう一人の者に依存し、これらがクルアーン的な「対」となる。全ての被造物はその「伴侶」に依存し、この依存性のなかで最初の対の創造が根源的に分かちがたく結びついているため、両者は等しく本質的だという。このように男女が相互に依存しつつ対等な関係にある「対」だという解釈を示しているのである。

それから、ここで性の間の機能差についてふれられているが、これはワドゥードの解釈にとって重要な問題で、その関心の中心は出産や育児である。この文脈では特に育児について、クルアーンはこれを女性のみが担うものとはしていない、と言及されている。これは彼女の最終的な主張であり、後でとりあげることにしたい。

人間の価値基準としてのタクワー（畏れ）

このようにワドゥードはクルアーン解釈を通して、人間の間に本質的な差はないとしている。しかし人は「タクワー」によってアッラーから区別されているとする。この「タクワー」とは、クルアーンに頻出する重要な言葉で、しばしば「アッラーへの畏れ・畏怖」などと訳され、同時に「敬虔さ」を意味する用語として理解される。ワドゥードにとってタクワーは、男女で人を区別しようとする考え方に対する反論の重要な根拠となっている。彼女はクルアーン四九章一三節を解釈の典拠とする。

人々よ、我々〔アッラー〕は男と女からあなた方を創造し、民族や部族に分けた。これはあなた方がお互いに知り合うようにさせるためである。あなた方のなかで最も貴いのは、アッラーを畏れる者〔タクワーする者〕である。

そしてワドゥードは、アッラーにとって地上の人間の違いは、「タクワー（畏れ）」によるのであり、「人間の違いはただタクワーに基づく。タクワーはジェンダーによって決められているわけではない」と明言する。

ワドゥードの方法論に大きな影響を与えた「二重運動」理論を提唱したラフマーンもまた男女の平等を説くなかで、タクワーに言及している。クルアーン四九章一一―一三節から「クルアーンは、善良さや徳（タクワー）以外の違いを認めていない」とし、クルアーン四章一二四節などから「宗教的見地から言えば、男女は絶対的に同等である……徳やタクワーを持つ人々が言及される場合しばしば、クルアーンは男女それぞれに言及している」と述べている。ここでラフマーンは「善良さ」「徳」「タクワー」をほぼ同じ概念としてとらえているようである。そしてこれ以外の側面において、全人類は平等であると主張することで、タクワーに男女による差はないという考えを示している。

さらにラフマーンはタクワーを、「恐らくクルアーンで最も重要な用語」とし、クルアーンの倫理的側面を理解するにあたって極めて重要な役割を与えている。彼によれば、これはイスラームの倫理の基礎で、善悪を区別しようとする心の状態のことである。これは「良心」と呼ぶことができ、キリスト教にとっての「愛」のようにイスラームの中心的概念である。そしてクルアーンの目的は、人の心に適切な良心をつくり、倫理的エネルギーを最大化し、このエネルギーを適切に用いることである、と述べている。

一方ワドゥードは、タクワーについて次のように定義している。

私はそれを「敬虔さ」だと考えている。それはつまり、社会的・倫理的システムに即した規則に従おうとする敬虔な行為様式であり、かつ「アッラーへの意識」、つまりアッラーへのその人の崇敬ゆえにその行為様式を守ることである。クルアーンの世界観において、この用語は常に行為と態度を含み持っている。繰り返しになるが、この多面的な用語は、クルアーンにおいて本質的に重要なものである。

ワドゥードに比べるとラフマーンのタクワー解釈は、精神性が強く、行為そのものは含意されていないようである。ワドゥードはタクワーのなかに実際的な行為・態度を強く読み込んでおり、心の持ち方だけではなく実際に行動するかどうかが、アッラーにとっての人間の唯一の相違点だと解釈している。だがラフマーンは、これを行為をもたらすための「エネルギー」の根底にある倫理的基盤ととらえており、行為とは分けて理解しているようである。これは、ラフマーンがクルアーンを法学的なテクストであるよりもむしろ、倫理的なテクストとして読もうとしているのに対し、ワドゥードがクルアーンに現実問題を解決するための策を求めているという、両者のクルアーンとの接し方の違いに由来するものだと考えられる。かつ、このような違いは、実際の解釈でも見られることである。

タクワーと平等

少し前に、「民族や部族」というクルアーンの用語についてふれたが、この言葉が出てくるクルアーン四九章一三節がいかに解釈されているかも見ておきたい。この節の前半部を再掲する。

人々よ、我々〔アッラー〕は男と女からあなた方を創造し、民族や部族に分けた。これはあなた方がお互いに知り合うようにさせるためである。

ワドゥードの解釈によれば、この句が意味しているのは「アッラーは富や民族、性、または歴史的背景によってではなく、タクワーによって人々を区別する」ということである。さらに彼女はこの句を、その直前にある一一—一二節（ムスリムたちが口にする警告や嘲笑や悪口、陰口についてのもの）と合わせて解釈している。その際、ザマフシャリーやサイイド・クトゥブ、マウドゥーディーという著名なクルアーン解釈者たちの解釈を比較対照させている。

サイイド・クトゥブのみが、ジェンダーも嘲笑や悪口の理由とされ得ることを認めている。嘲笑や悪口は優越性の誤った発露として非難されるべきものである。クトゥブは、この句は人間のジェンダーや肌の色といったありとあらゆる事柄を含意していると述べている。「なぜならば全てはたった一つの評価基準であるタクワーに帰されるのだから」と。

このようにまずワドゥードは、ムスリム同胞団のイデオローグとして活躍したサイイド・クトゥブへの評価を示している。クトゥブは「原理主義者」とされることが多いが、女性に関する解釈はワドゥードと通じるものが多いらしく、彼女はしばしばクトゥブを典拠として議論を展開させている。

しかしワドゥードはザマフシャリーとマウドゥーディーに対しては手厳しい。なぜならばこの二人の解釈者は、このクルアーンの句をジェンダー差別を否定することを意味していると認めていないからであるという。このようにワドゥードは過去の男性解釈者たちを否定的にとらえることが多いが、クトゥブというアラブ人男性解釈者に依拠することが多いように、アラブ人であることや男性であることによってその解釈を否定しているわけではないのである。

さてここまで述べてきた「ナフス」と「タクワー」の解釈が、ワドゥードの言う普遍的なクルアーンの教えであり、これが「二重運動」理論の「第一の運動」に当てはまると考えられる。ここでは、クルアーンの原理原則が抽出されている。つまり同じナフスから生まれた個人である男女は平等であり、ただその違いはタクワーという行為の敬虔さによる、ということである。以上を踏まえ次からは、「第二の運動」に当たると考えられる、現実社会の問題を解決するための解釈を見ていくことにしたい。

「クルアーン的ユートピア」実現のために

『クルアーンと女性』の第四章「女性の権利と役割――いくつかの論議」においては、社会における男女の機能分担が論点となっており、ワドゥードは、男女の平等に基づく「クルアーン的ユートピア」実現のための解釈を提示しようとしている。その際の現実社会における問題の所在は、女性の役割を家庭に限定する発想にあるとしている。出産は女性の「原始的」機能であるため、女性は母親にしかなれず、「教養ある献身的な妻と理想的な母親」になるための教育のみが必要である、とする見解が広く存在すると彼女は指摘している。

ワドゥードはこのような一般見解に対し、次のように反論を試みている。クルアーンには出産を女性の「原始的」機能とする句はなく、また同時に育児が女性に限定される役割だともまったく示されていない。ただ、女性のみが出産できるとされているだけである、と。これは前にもふれた「書かれていないことは意図されていない」という彼女の解釈テクニックである。さらにワドゥードは、男女の労働はそれぞれの社会的文脈によって異なり、クルアーンは四九章一三節にあるように多様性を認め、女性の役割を限定していないとも述べている。

このようにワドゥードは、女性の役割を家庭内に限定することを、クルアーンの教えに反することだととらえている。それでも男女それぞれに一つだけ、代替不可能な独自の機能があるとしており、女性にとってそれは出産であるという。

ここで彼女は、「子宮を畏れなさい」とタクワーを求めるクルアーン四章一節をとりあげる。従来のこの句の解釈は女性への一般的な敬意をうながすものとするが、そうではなく、ワドゥードは女性の再生産能力への敬意として解釈することを提案する。つまりこれが、出産を女性の唯一の独自機能とする解釈の根拠であり、女性を家庭内に限定する見解に反駁するための第一歩となっている。

さらにワドゥードによれば、男性にも独自の機能が一つのみあるという。それは主に、クルアーン四章三四節の「男は女の保護者である」という従来、男性の優越性を示すとされてきた言葉を解釈しなおすことで明らかにされる。彼女は、女性が第一の責任として、身体的強靭さやスタミナ、知性、深い個人的関わりを必要とする出産を担っていることに対して、男性が家族や社会において担っている責任がこの「保護（キワーマ）」だとする。よってこの句は、女性が第一の責任を果たすために必要なもの全て、つまり身体的保護や生活必需品は、男性によって与えられるのが理想だという意味に解釈される。女性には出産、男性にはその保護が、担うべき役割として与えられているのである。

こうしてワドゥードはクルアーンから原則を抽出し、これに基づいた「平等で相互依存的な関係を構築すること」を理想として提示した。しかし現実はそのようになっていない。彼女は、中国やインドの人口過剰、アメリカという資本主義社会、そしてアメリカの奴隷制時代やその後におけるアフリカ系社会を、理想から離れた現実の例として挙げている。

そしてその解決のためには、クルアーン四章三四節を狭い意味でとらえるのでは不十分であるという。そうではなくむしろ、男性が女性とのバランスのとれた連帯を実現できる社会をつくるための理想的な義務について述べていると解釈し、保護（キワーマ）を物質面だけではなく、精神、倫理、知性、心理などの範囲にまで広げるべきだとしている。このようにキワーマをとらえることで、男性は「ハリーファ（地上でのアッラーの代理人）であること」を実現し、男性が女性より優れているといった「競争的で階層的な思考」を乗り越えられ、また、女性が出産や育児から学んだことを経験できるという。

このようにワドゥードの考えは、一般的には女性下位を示すとされる句を、男性の責任のあり方を示すものとして再解釈し、それを女性の出産との間でバランスをとらせた鮮やかな解釈であると言える。そしてただバランスをとって分業するだけではなく、これら二つの機能以外における男女の役割の線引きを柔軟にとらえることも射程に入れられているのである。

現代的諸問題の検討――「一夫多妻制」と「男性の権威」

ワドゥードは、二〇世紀こそが、クルアーンの真の意図である女性のための社会改善の時だと考えていた。彼女によれば、クルアーンは啓示された当時のアラビアにおける特定の状況を反映しているが、啓示がメッカ期からメディナ期に移るにつれて、女性の状況を改善することが主張されるようになった。ただ当時は急激な変化は不可能であったため、改善は実現されず、後世に委ねられた。そして、二〇世紀になってクルアーンの真の意図が理解されるようになってきたのだ、という。

そしてワドゥードはクルアーンの句から派生する、主要な七つの問題に関して解釈を提示しようとしている。それらは、「離婚」、「家父長制」、「一夫多妻制」、「証人」、「遺産相続」、「男性の権威」、そして「育児」である。これらの多くは一般的にイスラームにおけるジェンダーの問題として問題視されている事柄である。例えばラフマーンもこれらについて言及しているが、最後の育児については特に見られず、やはりこの点はワドゥードが強い関心を持っている問題設定であることが分かる。

本書では、クルアーンに基づく女性差別の代表例と目されることの多い「一夫多妻制」と「男性の権威」の問題について焦点を当てて見ていきたい。その後、ワドゥードの主張において重要だと考えられる「育児」についての解釈に焦点を当て、彼女にとっての現代社会における男女のあり方の理想、「クルアーン的ユートピア」について検討していきたい。

ワドゥードは「一夫多妻制」に関して、四人までの妻を容認する根拠とされるクルアーン四章三節を引用する。

もしあなた方が孤児を公正に扱えないならば、良いと思う二人、三人、または四人の女性と結婚しなさい。だが、もし〔妻たちを〕公正に扱えないならば、ただ一人にしておきなさい。

ワドゥードによれば、この句は孤児の扱いについての句であるが、後見人が女の孤児の財産を適切に管理できそうにない場合に結婚することが推奨されているだけである。しかし一夫多妻制の支持者は、たいていこの文脈を無視して理解している、と指摘している。つまり結婚全般に適応できる規定ではないとしているのだ。

しかし実際には一夫多妻が実行される場合が、イスラーム諸国ではまれではあるが存在する。これに対してワドゥードは、どうやって全ての妻を公正に扱うことができるだろうか、と疑問を呈する。そして、夫は妻たちを公平に扱うことができないとする句（四章一二九節）に言及した上で、クルアーン的理想として、夫婦は互いの衣であるとする句（二章一八七節）や、夫婦間の愛と慈悲を説く句（三〇章二一節）を挙げ、夫や父が複数の家族に分かれてしまっては、この理想を達成することはできない、としている。このようにワドゥードは、クルアーンにおける夫婦の理想的あり方を語る句に焦点を当てながら、一夫多妻制を否定しようと試みている。これが「第一の運動」とも言うべき、クルアーンからの原則の抽出である。

次に「第二の運動」にあたる、現実問題への適応がなされる。ここでワドゥードは、一般的に一夫多妻制を正当化する三つの主張をとりあげる。一つは、余裕のある男性は経済的に困難な状態にいる女性たちを救う必要がある、というものである。ワドゥードはこれに対して、今日においては、男性のみが働くという状況ではないため、多くの女性は男性の支援を必須としているわけではない、と反論している。二つ目は、子どもができない場合に、別の妻と結婚する必要がある、という見解についてである。彼女はこれに対しても、世界中には戦災などで孤児が少なくないのであるから、そのような子どもを家族に迎えればよい、としている。そして最後は、男性は性的欲求が強いため、複数の妻が必要である、という見解についてである。ワドゥードによれば、自己抑制と貞節さが女性に求められているならば、これらは同様に男性にも求められて然るべきである。男女はお互いにハリーファ（アッラーの地上の代理人）としての責任を持っているのであるから、女性が極めて高度で文明化された状態であるのに男性が動物のような状態となってしまっては、ハリーファとしての責任をまっとうすることができないという。このようにワドゥードは、個別具体的に問題への解決策を提示している。ここには当然ながら彼女の「前提テクスト」が存在しており、自らが見聞した問題が議論の前提となっているのであるが、これは後で述べたい。

次に「男性の権威」であるが、これに関連してワドゥードはリーダーのあり方を論じている。それによれば、クルアーンが下された当時は男性中心的な社会状況であったが、クルアーンからそうではない状況にも通じる一般原則を読み取ることができるという。クルアーンに描かれるリーダーの一般原則は、体力や精神力、教養、財力そして経験において「最も適した者」ということであり、これは家族や社会における様々な側面に当てはまる。かつ、クルアーンにおいてはリーダーは男性であるとは述べられておらず、シバ（アラビア語でサバア）の女王のような例もあると述べ、女性が指導的立場に立つことに問題がないことを示している。このシバの女王は旧約聖書と共通する物語であり、クルアーンでもソロモン王に会うためにエルサレムに行く様子が描かれている（二七章二〇―四四節）。そこで女王はソロモンに感服し、イスラームに帰依したことになっている。

だが続いて現実問題に言及し、現在のような男性優位社会においては、女性リーダーはうまくいかないかもしれないが、将来はうまく機能するのではないか、としている。これは特に社会の組織などを念頭においた発言だと考えられるが、家庭内については次のように極めて具体的な言及がなされている。

ワドゥードは、育児は永遠に女性だけのものというわけではないのだから、妻が病気の時など、男性も育児をするべきであるとして、家庭内における男性の極度な優位性を批判している。これはまさしく「前提テクスト」であり、それゆえに極めて身近でワドゥードが強い関心を持つ事例に論が向かってしまったということであろう。

そして最後の「育児」については、『クルアーンと女性』の本論の最後で、これに関する解釈が提示される。すでにふれたが、この論題にはワドゥード独自の男女観が込められていると考えられる。ワドゥードは、現状では女性に育児（や家事）の責任が付されているが、クルアーン二章二三三節は両親ともに子どもに関わる権利を認めているとしている。

母親は乳児に二年間授乳する。これは授乳をまっとうしようと望む者に決められた期間である。父親は食糧や衣類の経費を公平に分担しなければならない。〔……〕また両人が話し合いの上で離乳を決めても、彼らには罪はない。またあなた方は乳児を乳母に預けるよう決めても、約束したものを公平に支給するならば、罪はない。

これまでの議論で明らかなように、ワドゥードは出産と育児を分離してとらえており、前者は女性特有の分業だが、後者はそうではないとしている。だが現実はそうでないことに対して、クルアーンの解釈に基づき、新しい社会形態を提唱しようと試みている。彼女によれば、男性が外で仕事し、女性が家にいる場合は役割分担もよいかもしれないが、夫婦ともに外で稼ぐ場合に、妻のみが家事をするのは荷が重すぎて不公平であるため、男性も家事や育児に参加すべきであるという。そして「このような柔軟でダイナミックな協同のシステムこそが、社会や家族の多様性に有益」だとしている。このシステムは、社会的に規定された男女の役割の垣根を可能な限り取り払い、柔軟に協力的な関係を構築することを可能にするという。そしてそれこそが、ハリーファ（アッラーの地上の代理人）としての真の姿であると考えていることが、次の言葉からうかがえる。

男女が、家族とひいては社会において円満で互恵的な関係になることで、ようやくハリーファとしての真の潜在能力が育成される。家族が〔ハリーファとしての〕実践の最前線に立つのである。預言者が、「あなたのなかで最も良い者は、自分の家族にとって最も良い者である……」と言っているように。

ここでは、「出産」と「保護」を分担した後に、育児で協力する夫婦という男女の姿が描かれ、これがワドゥードの主張する「クルアーン的ユートピア」であると考えられる。しかしこの姿は、ワドゥードの「前提テクスト」の影響のあまり、特定の家族形態を強調しすぎるものだという批判も想定される。最後に、この点も含めてワドゥードの解釈の意義と限界について考えてみたい。

ワドゥード解釈の意義と限界

ワドゥードの『クルアーンと女性』の意義はまず、男女平等の理論をクルアーンから抽出することを試みたことであろう。ただクルアーン解釈史上、評価すべきは、「前提テクスト」概念の導入であると考えられる。これは、ワドゥードが依拠したラフマーンもあえては踏み込まなかった「個人見解」という主観性を解釈の手法として明確に肯定したのであり、クルアーン解釈（タフスィール）史への大きな貢献であると言える。

両者のこの違いは、ワドゥードとラフマーンがクルアーンに求めているものが異なっていることによるのであろう。ラフマーンはクルアーンをイスラームの基盤たる倫理の書ととらえ、イスラームとイスラーム教徒の改革を目指した。だがワドゥードはクルアーンを真の男女平等を説く実践の書ととらえ、女性の状況の改善を目指した。したがって、ワドゥードは自らの問題に端を発しつつ、あくまで具体的な指針を求めており、その「第二の運動」は極めて具体的なものとなっていったのである。よって、ワドゥードのように個別具体的な問題を解決したいムスリムにとっては、ラフマーンの解釈は抽象的過ぎると感じられるかもしれない。

しかし、この点はワドゥードによる解釈の長所であり、同時に限界でもあると考えられる。具体性とはつまり限定性であり、「前提テクスト」に共感できない者はその解釈を共有することはできないのである。『クルアーンと女性』を読むと、家庭が女性を「奴隷化」

する場となる可能性や、結婚が女性への抑圧となる可能性について、また、家計を担って外で働いた上に、出産や育児もこなしつつ、社会からの疎外感を持つ夫からの暴力を受けるという女性たちの状況について言及されており、男性による女性差別がワドゥードの「前提テクスト」であることがうかがえる。そしてこれは、アフリカ系アメリカ人女性に共通した社会問題であり、ワドゥード自身、そこから抜け出すために、イスラーム教徒になったと述懐している。

だが果たしてこれは、クルアーン解釈を求める全ムスリムが共有できる「前提テクスト」であろうか？　いや、そうではないであろう。しかしワドゥードは、ムスリムの大抵の共同体において、女性が男性から軽視され、同等に扱われていないとしており、『クルアーンと女性』の解釈がムスリム女性全体に生じている問題の解決を目指すものだと考えている。

だが男女の関係についての指摘がその通りであったとしても、その内実は様々である。前に少しふれたシリア出身のアメリカ移民であるニマト・ハーフェズ・バラザンギはワドゥードが男女の平等を実現するために、両性を同じだと主張していると批判している。また、サウディ・アラビアのファーティマ・ウマル・ナスィーフ（一九四四―　）は、家父長制の意義を認め、娘や妻、母といった伝統的なものを女性の役割の第一義とする見解を示している。このように、ワドゥードの「前提テクスト」は、ムスリム女性全体の「前提テクスト」とはなり得ないのである。

またワドゥードの解釈によって示された理想的な家族像も同様に、その「前提テクスト」の影響を強く受けていると考えられる。ワドゥードは男女による夫婦が子どもを持つことを理想としているが、この形態以外を是とする男女（もしくは同性同士）の関係については、考慮されておらず、これも彼女の解釈の限界であると考えられる。ワドゥード自身、「クルアーンの解釈は終わることがない」と述べ、自らの解釈を絶対視していないことは明らかである。だが残念ながら、家族形態の「多様性」についての議論は彼女の関心の範囲外であったようである。

この理由は、やはり『クルアーンと女性』が生まれた背景に求めることができるだろう。ワドゥードの属すアフリカ系アメリカ人社会では、男女が夫婦となり子どもを持って育てるという、最も「一般的な」形態の家庭をつくることそのものが容易ではない。それはこれまでふれてきた解釈に見られる記述に加え、彼女自身、幼い頃に母親が家を出ており、極度の貧困のなかで父親に育てられたという「前提テクスト」からもうかがえる。

実際、この解釈書が執筆された頃のアメリカのアフリカ系社会において、若い未婚女性の出産（婚外出産）が多く、子どもの六割以上が単親家庭で暮らしているなど、多くの家族が崩壊し、女性の生活が困窮していることが報告されている。このように彼女の属すアフリカ系アメリカ人社会においては、男性優位の風潮のなかで女性は社会的・経済的に苦しい立場にあった。彼女がそのクルアーン解釈において男性の唯一の役割を「保護」と解釈した背景に、それを求めてイスラームに改宗したという彼女の個人的体験を見ることもできよう。そしてさらに改宗後も、男性による女性蔑視を経験したことはすでに述べた通りである。

ワドゥードが求めた「クルアーン的ユートピア」は、このような苦境にあるアフリカ系アメリカ人ムスリム女性の状況の裏返しであると考えられる。彼女にとっては、何よりもこの段階に達することがまず必要なのであり、「家族の多様性」は「一般的な家庭」が通常となった後に生まれる選択ということなのであろう。この意味で、現在のアメリカにおけるアフリカ系社会とそれに似た問題を抱える社会に生きる女性たちに向けて、『クルアーンと女性』は大きなメッセージを与えているということもまた確かである。

ただし現在ムスリム女性の立場や見解は多種多様であり、それは今後さらに強まっていくと考えられる。なぜならば世界のグローバル化により情報量や移動の機会、そして改宗者の数が増大しているためである。よってもし普遍的なクルアーン解釈が成立するとすれば、それは女性が自由に自律的に自らの生き方を選択することを認める、つまり多様性そのものを肯定することをクルアーンに読み込む解釈者が登場した時であろう。そうすれば、家父長制の肯定から男女の完全な平等の主張に至るまで、どの立場もクルアーンが認めているということになり、全ての女性が納得できる解釈が提示されることになると考えられる。この意味でも、多様性や多元主義が今後さらに重要な鍵になると言えるのである。

＊1　クリストフ、ウーダン『ハーフ・ザ・スカイ』（英治出版、二〇一〇年）において近代的かつフェミニズム的クルアーン解釈として引用されている。
＊2　ワドゥード自身は「フェミニスト」の用語を自分に対しては用いないと述べているが、日本人読者に分かりやすいように、この表記とした。

III

アパルトヘイト解決への道

――ファリド・イサク

1　南アフリカの人種差別とイスラーム

「アパルトヘイトと貧困の犠牲者」

アパルトヘイト政策については日本でも広く知られている。南アフリカにあった人種隔離政策で、ネルソン・マンデラたちの長きにわたる闘争の後、この政策は破棄され、一九九四年にマンデラ大統領が誕生した。しかし現在に至るまで人種差別は根強く残り、この国の犯罪率などに大きく影響を与えている。基本的にこのアパルトヘイトは、オランダやイギリスからこの地に入植した少数の白人が、先住の人々を隔離して支配するという政策である。もともと住んでいた人々は「有色人種」、特にアフリカの「黒人」のイメージが強いが、実際にはインド系移民の子孫など、別の出自を持つ者たちが含まれていた。

そのなかには、マレー諸島やインド出身のムスリムたちの子孫もいた。西洋列強の支配下にあったこれらの地域から、政治的流刑人や奴隷などとして送られてきたという。例えばシャイフ・ユースフ（一六二六―九九）という人物は、現在のインドネシアにあったバンタム（バンテン）王国の王の義理の息子であったが、宗主国オランダに対して解放闘争を行い、一六九四年ケープに四九人の従者とともに流された。そしてこの地でイスラームを広めたという。このような者は彼に限らず、他にもインドネシアやインドから地位の高い者たちが断続的にやってきたようである。

ファリド・イサク

ファリド・イサク自身もインド系ムスリムのコミュニティで生まれ育っており、被差別者のなかでもさらにマイノリティの存在である。しかし彼もまたムスリムとして、反アパルトヘイト闘争に関わっていた。その解釈書『クルアーン、解放そして多元主義』（一九九七年）や著書『ムスリムであることに関して』（一九九九年）において、彼もまたワドゥードと同じように半生を記述している。

一九五九年にケープタウンに生まれたイサクは貧しい家に育った。彼自身、自分の初期の生活を「アパルトヘイトと貧困の犠牲者」と表現している。彼の生後三週間ほどして父親は家族を捨て、母親には六人の息子たち（そのうち三人は前夫との子で、この夫も家族を捨てて出て行った）が残された。家族は有色人種居住地に住んでいたが、それは五二年のアパルトヘイト法によって規定された場所で、黒人、インド系、その他の有色人種が暮らしていた。彼も含め多くの人々は履く靴はおろか、食べるものにも事欠いていた。彼は自分の母親について、アパルトヘイトのもとで、人種差別と資本主義と家父長主義によって抑圧された人だったと描写している。

イサクの居住していた地域は白人社会から隔絶されていたが、そのなかは多文化的環境であった。家の両隣はキリスト教徒で、学校でもアパルトヘイト政策を是とするためのキリスト教教育をほどこされた。その他、周囲にはユダヤ教徒やバハーイー教徒などもいたという。彼自身、そもそも南アフリカは長きにわたって多宗教社会であったとしている。多様な部族がそれぞれ固有の宗教を持ち、それに加えてオランダ人のキリスト教徒入植者や、インドネシア諸島からのムスリム奴隷や流人が一七世紀中頃にやってきた。ヒンドゥー教徒は一九世紀後半にインドから、東欧のユダヤ教徒は前世紀の変わり目の頃に南アフリカにやってきている。このような環境のなかでイサクは他宗教徒と助け合いながら育ち、ムスリム以外の「宗教的他者」を認めることを体得したが、しかし極めて皮肉なことに、その外のキリスト教徒社会からは疎外され迫害されていたのである。

イサクは幼少期に、アラビア語やクルアーンの学習を南アフリカのマドラサで始めている。マドラサとはアラビア語で、イスラームの高等教育機関を指す伝統的な呼称である。よって改宗者のワドゥードとは異なり、幼い頃からアラビア語に接し、かつ敬意を持っている様子がうかがえる。九歳の時にタブリーギー・ジャマーアトというインドで創設された国際的なイスラーム復興活動組織に入る。そして奨学金を得てパキスタンに行き、カラチのマドラサで神学を学んだが、彼によればそこは「現世のこと全てが冷ややかに見られるような恐ろしく保守的な教育機関」であったという。

またイサクはパキスタンのことを好きになってきてはいたが、そこにはいくつかの社会的な問題があることに気がついた。なかでも特に、キリスト教徒やヒンドゥー教徒といった宗教マイノリティ（少数者）への迫害や女性への抑圧がひどく、彼はそれを「南アフリカのアパルトヘイトにおける黒人」と同じ状況にあるととらえたのであった。このようにイサクにとってパキスタンというイスラームが国教（しかも建国理念）である国への留学は、イスラームの教義を学ぶと同時に、自分の国のあり方についても考える大きな機会となった。彼自身、南アフリカで、アパルトヘイト政策によって疎外・抑圧され、また同時に近所の他宗教徒と良好な関係を持って育っていたため、パキスタンにおけるようなマイノリティへの権利侵害を見て、大きな違和感を持ったのである。

一九八二年にパキスタンから南アフリカに帰国した後、イサクは反アパルトヘイト闘争に身を投じ、活動を続ける。その経験のなかから生まれたのが解釈書『クルアーン、解放そして多元主義——抑圧に対抗するための宗教間連帯に関するイスラーム的視点』であった。少々長いタイトルであるが、ここにはイサクの関心のあり方がよく現れている。この著作は、イサクの言葉によれば「解放のための宗教的多元主義（プルーラリズム）」の観点からクルアーンを解釈するものであるともいう。つまり彼の最たる関心は、他宗教を認め、実際に連帯することでアパルトヘイトを乗り越えて行こうとすることなのである。

「解放の神学」へ

アパルトヘイトの解決に「解放」という語を用いることは、日本人の感覚としてあまり違和感はないかもしれない。性や出自による差別からの「解放」という概念は日本社会でも用いられている。イサクは解放（リベレイション）について、次のように定義している。

解放についての私の考えは、全ての人々のもっている十全に人間として生きる可能性を阻害するような法律や社会規範、経済実践から、人々を自由にすることである。南アフリカのアパルトヘイトの文脈で本質的に意味しているのは、アパルトヘイトと経済搾取からの自由、そして、居住民全てが自由に自分たちの選択で政府を選出し、自分たちの生活に関する様々な意思決定プロセスに継続的に参加する権利である。

では多元主義がなぜアパルトヘイト解決において重要な理念とされているのか。彼は多元主義（プルーラリズム）をこう定義している。

プルーラリズムを定義すれば、それは、「自分自身」と「他者」の間で、「他者性」や多様性を容認し受容すること――寛容よりもむしろこちら――であろう。宗教の文脈で言えば、〔宗教的〕衝動への対応は多様であると容認することを意味する。この衝動とは、超越者に向かいつつある個々人が、生まれながらにしてもっていて、かつ、生後に社会のなかで獲得したものである。

イサクはアパルトヘイトに対抗するために有色人種間の強い連帯が必要だと考えていた。特に一九八〇年代に、これまでのキリスト教徒とムスリムのなかから連帯の機運が高まりつつあった。この時期、ネルソン・マンデラは、獄中からムスリム組織に手紙を出し、同じく投獄されていた一八世紀のムスリム聖者についての共感を伝えたという。またイサクはこの宗教間の連帯をイスラームとキリスト教に限定してはおらず、ユダヤ教やヒンドゥー教、そしてアフリカの伝統的宗教もそれに含めて考えている。これらが連帯して新しい「解放の神学」を提唱することで、アパルトヘイトの不正義を正したいというのが彼の意図なのであった。

実は筆者が『クルアーン、解放そして多元主義』を初めて目にしたのは、カイロに留学していた一九九九年頃、カイロ・アメリカン大学の書店で平積みにされている状態のものであった。つまり、南アフリカで書かれたクルアーン解釈書がエジプトのカイロ・アメリカン大学の学生たち(英語が得意な国際派が多い)に大いに注目されていたのである。基本的に英語で授業をするこの大学の学生たちにとって、この本が西洋世界(特にキリスト教世界)とどう協調して理解し合っていくかを説いていた点が、魅力的だったのではないだろうか。エジプトは一〇パーセントのキリスト教徒(コプト教徒)を内包し、また西洋世界といかに関わるかが社会の大きな関心事であることもあって、イサクの問題設定が共感を持って迎えられたのであろう。

イサクは現在、ヨハネスブルグ大学の教授となっている。博士号はイギリスのバーミンガム大学で取得し、その後ドイツでポスト・ドクター生活も送っている。現在の主要な関心事は、イスラームとＨＩＶ患者である。ＨＩＶ患者は南アフリカでも増加し続け社会的大問題になっていると同時に、世界的問題であり、患者への差別も懸案となっている。これも「自分」と「他者」の問題であり、彼の問題関心は一貫したものであると言えるだろう。またネルソン・マンデラ大統領に指名されて男女平等に関する国家委員を務めてもいる。さらにアメリカのいくつもの大学で教鞭をとるなど、世界的に活躍している。

2 「他者」(キリスト教徒)との共存をクルアーンに読む

伝統を踏まえ新しい解釈学へ

イサクはワドゥード同様に自分自身の状況を重視し、そこからクルアーンの解釈を始めた人物である。

私のこの探求、つまり解放のための南アフリカ人による多元主義的なクルアーン解釈は、私たちの国の試練のるつぼのような状態と総合的な正義への私自身の関与に根ざしている。

ここから彼のクルアーン解釈にとって「解放」「南アフリカという祖国」「多元主義」「正義」といったキーワードが見て取れる。

このような解釈のあり方はテーマを前面に押し出したもので、言うまでもなく「個人見解によるクルアーン解釈」に含まれる。非ムスリムの視点からすれば、このような解釈はワドゥード同様に、個人やそれを取り巻く社会の問題の解決策をクルアーンから抽出しようとしているように見える。しかしムスリム解釈者たちにとってはそうではなく、アッラーがすでにクルアーンのなかで示唆していることを、自分たちがようやく理解することができた、ということになる。全知全能のアッラーはどのような時代や場所においても適応できる言葉を啓示として人々に伝えたはずだからである。

イサクはこの点について、「どのような解釈者がテクストに与えた意味でも、その者の個性や環境から離れて存在することはできない」と述べている。これは「個人見解」を肯定する言葉であり、同時に、「伝承によるクルアーン解釈」もまた解釈者の意図を多かれ少なかれ反映しているのだという意味でもある。彼は、解釈者自身やその者が身を置く状況こそがクルアーンにアプローチする出発点だとも述べている。よってイサクは「自分自身」をクルアーン解釈の場に持ち込むことを、これまでの解釈との訣別だとは考えていないようである。それは実際に彼がクルアーンを解釈する際に多くの古典的解釈書を踏まえつつ、自説を提示する態度に通じるものであろう。彼はワドゥードのように徹底的に過去の解釈史を否定しているわけではないのである。

そしてこの「個人見解」肯定の重要な点は、ワドゥードと同じくイサクもこれを「他者の見解」を認めることに通じさせていることである。つまりこれが多元主義ということになる。イサクは伝統主義も原理主義もともに批判しているが、それはこれらの潮流に属す人々が、クルアーンを理解するにあたって、個人や歴史という読み手の枠組みを否定し、客観的理解のためと称しながらクルアーンと伝承のみに依拠するからである。そして彼もワドゥード同様に、伝統的な宗教学者（ウラマー）がクルアーン理解を独占している状況を打破しなければならないとしている。

これは、他者の解釈を認める必要性の提唱であり、多元性の受容に通じるものである。イサクは、ある人物の「前理解」（＝個人見解）と実際の解釈の関係を否定することは、その他者の解釈を「知られざる真理」として受け入れることの拒絶だ、とも表現している。ちなみに、この「前理解」という言葉は西洋の解釈学の用語であり、ここに彼の解釈学の認識の広さがうかがえる。いずれにしても重要な点は、彼がこの「前理解」という西洋的用語で「ラアィ（個人見解）」を表現して肯定しようとしていることである。そして言うまでもなく、「前理解」はワドゥードの「前提テクスト」とほぼ同意ということになり、再びここでも両者の類似性が見られることになる。

さてここまでイサクのクルアーン解釈に対する姿勢を見てきたところ、ワドゥードとの共通性が強く印象づけられた。前述したように両者は知己《ちき》の間柄である。イサクがワドゥードと自分自身のクルアーン解釈の共通性を認めているように、両者はジェンダーと他宗教（そして人種問題）という異なるテーマを持ちながらも、その平等を求めてクルアーンに向かい合ったということになる。

イサクとワドゥード両者の大きな共通点が宗教学者（ウラマー）による伝統的解釈との距離であることは、すでに述べた通りである。ワドゥードのクルアーン解釈にはファズル・ラフマーンの影響が大きかったが、イサクもまたムスリムによる新しい解釈学の影響を受けている。彼は自分自身を、ラフマーンやアブー・ザイドといった「伝承による解釈」を行う解釈者とは一線を画して、解釈者自身の意図を認める学者たちの集団に属すと考えている。つまり「個人見解による解釈」を行う解釈者として自己を認識しているのである。

イサクのウラマー批判は彼自身の経験に起因するようである。彼によれば、パキスタンのマドラサに留学していた時、そこのウラマーたちは「クルアーン理解の追求は彼らだけが独占するべき行為だとみなしていて」、「彼らのなかには、総体的なクルアーン理解やシステマチックで現代的な研究をしようという者はほとんどいなかった」という。この点はワドゥードの言う「分断された解釈」への批判と通じるものであろう。

このような宗教学者たちの態度は伝統的なものであり、パキスタンにのみ見られることではなかった。イサクも述べているように、伝統的なマドラサ教育では、クルアーンはその内容について深く考えることではなく、それを暗誦できるようになることが重視されたからである。このような状況は彼によれば、「西洋的な教育を受けたムスリムたち」は、彼らの社会が直面している不公平な諸問題に対して「宗教に基づく現代的な答え」を必要としているにもかかわらず、ウラマーたちが満足のいく回答を与えていないということである。

これに対してイサクは非ウラマーの若い専門的知識人の活動を評価している。彼らは「伝統的なウラマーからの強力な反対」に直面しているにもかかわらず、クルアーンの内容を自ら読み、考えて理解しようと奮闘し始めているからである。パキスタンのウラマーたちについては前述したが、南アフリカのウラマーたちも同じような状況であったという。そこでは「アラビア語学習サークル」という一般のムスリム青年たちで構成されたクルアーンを学習するグループがあった。それに対してウラマーたちは、資格のある指導者（つまりウラマー）の指導なしでクルアーンを学ぶならば地獄に落ちるだろう、と脅したという。イサクは、迷える若者に何の有益な示唆もすることなく、ただクルアーンを解釈する権利・権威を他者に与えることを拒絶するウラマーたちを強く批判している。

このようにウラマー批判をしてはいるが、ワドゥードと異なりイサクは、アラビア語の批判はしていない。すでに述べたように彼自身、幼少期からアラビア語の学習を始めており、その言語がムスリムにとっては聖なるもので、かつそのアイデンティティの一部だとも述べている。イサクはその著述から、ジェンダーに関しても極めてリベラルな思考を持っていることが明らかであるが、アラビア語についてはワドゥードのような批判を展開することはなかった。

彼は自らの解釈を展開するにあたっても、いくつもの伝統的なアラビア語の解釈書を引用している。タバリー、ザマフシャリー、リダーなどである。それは、ワドゥードのように批判するのではなく、それらの見解を踏まえた上で自説を述べる、といった流れであることが多い。ただハディースの引用には積極的ではなく、「伝承による解釈」とは一線を画していることがうかがえよう。

「クフル（不信仰）」の再解釈をめぐって

「クフル」とはアラビア語で「不信仰」のことで、「カーフィル」は「異教徒」「不信仰者」を意味し、基本的には多神教徒や偶像崇拝者といった唯一神信仰ではない者たちのことを指す。日本ではしばしば、イスラームが異教徒に対して排他的・好戦的で、ムスリムは異教徒に対して見境なくジハード（ここでは武装「聖戦」を指す）を仕掛ける、といったイメージが持たれている。もちろんこれは極端な像なのであるが、実際にクルアーンのなかには、異教徒に対する敵対心・猜疑心や防衛のための戦闘の肯定が描かれている。

アッラーに対して虚偽を捏造し、真理が来たにもかかわらず、嘘だと認めない者のような、酷い嘘つきがいるだろうか。地獄のなかに不信仰者らの居場所があるのを知らないのか。我々〔アッラー〕は、我々のために奮闘努力〔ジハード〕する者たちを、必ず我々の道に導く。実にアッラーは善行を行う者とともにいる。（二九章六八―六九節）

他方、ユダヤ教徒・キリスト教徒に対して、親近感・敬意・同胞意識を強く持っているることも次のような句から分かるであろう。

実に信仰者、ユダヤ教徒、キリスト教徒、サービア教徒のなかで、アッラーと最後の日とを信じ、善行を行う者は、主の御許で、報奨を与えられるであろう。彼らには、恐れも悲しみもない。（二章六二節）

したがって宗教間の連帯からアパルトヘイトに挑もうとするイサクにとって、この他宗教を否定的にとらえるように見られるクルアーンの句をいかに解釈するのかは、大きな問題であった。そして次の句の解釈を試みている。

アッラーの御徴《みしるし》を信じず、不正にも預言者たちを殺害した者、また公正を勧める者たちを殺した者には、痛ましい懲罰について告げなさい。このような者たちの行いは、現世でも来世でも虚しく、彼らを助ける者もいない。（三章二一—二二節）

この句の冒頭の「アッラーの御徴を信じず」の「信じず」は、「クフル」の動詞形（「ヤクフルーナ」）である。ここは「認めない」や「感謝しない」とも訳すことができる。この句でクフルの概念は正義という政治的・社会的な概念に強く結びついており、イサクにとってこのクルアーンの句は重要なものとなっている。

イサクによれば、「アッラーの御徴を信じない者たち」という表現は、クルアーンのなかで「他者」を否定的に描写する際にしばしば用いられているものである。実際にムスリムたちの間で「クフル」という用語は、「他者」を否定的に呼ぶ場合に最も頻繁に使われている。さらに南アフリカの民族主義者の言説にまで「カフィール」という少し変化した形で入り込み、黒人を侮辱する際に用いられていたのである。このような状況を踏まえ、イサクはクフルの再解釈を不可欠と考えたのであった。それは宗教が異なる「他者」に対して「異教徒」とのレッテルを貼って否定することをやめるために、重要な思考プロセスであった。

そこでイサクはアラビア語の語彙辞典や古典期のクルアーン解釈書を繙《ひもと》く。クフルの初期の意味が「親切な行為を隠す」であり、後に「何かを破壊する意図で隠す」という意味に変わったことに着目した。彼は、日本のイスラーム学者である井筒俊彦（一九一四―九三）の議論を援用しつつ、もともとクフルは「不信仰」という意味ではなく、むしろ「感謝しないこと」であったとしている。

井筒俊彦とは世界に知られたイスラーム学者・言語哲学者であり、クルアーンの言語分析研究やその日本語訳をはじめとする多くの学問成果を残している。イサクはここで彼の著作『コーランにみる倫理宗教的概念』を引用している。[*1] ちなみにワドゥードも井筒の著作を引用しており、その学問成果が西洋で高く評価されているだけではなく、現代のムスリム学者にも影響を与えていることが分かる。

さらにイサクは古典期のクルアーン解釈書を精査する。タバリーやザマフシャリー、リダーなどである。そしてこれらのなかで「アッラーの御徴を信じない者たち」を具体的に定義している場合は、ユダヤ教徒やキリスト教徒とされていることを指摘している。またクルアーンにおいても「不信仰者」という文脈でクフルの語が用いられている場合があることも確認している。しかしその上で彼は、クフルの元来の意味の重要性を強調する。これは過去の一面的なクフル解釈を乗り越えようとする試みである。

イサクは、クルアーンで用いられるクフルに関連する語を全体的に検討して、クルアーンがクフルによって本来意味していることとは、「与えられたものに対する強情な否認や拒否といった態度」であると結論づけている。したがって、クフルは本来、どの宗教を信仰するのかということではなかったということになる。むしろこのことは、クルアーンが啓示された当時のメッカ社会の状況と深く関わっている。その頃、家柄や富を持つ者たちはそれを誇って驕《おご》り高ぶり、それを持たない弱者たちを蔑む風潮が強かった。ゆえに「クルアーンはクフルを、自己について増長したイメージを形成し、弱い他者を軽蔑することとして描いている」のだとイサクは解釈を提示している。

ただしもちろんイサクはクフルが信仰の問題と関係がないとしているわけではない。神の唯一性や聖典、神の御徴、来世や預言者たちを信じないことはクフルであるという。この点から考えると、「啓典の民」と呼ばれるユダヤ教徒やキリスト教徒は不信仰者には含まれないことになる。この「啓典の民」とは、ユダヤ教徒やキリスト教徒に対するムスリムからの呼称で、クルアーンでもしばしば言及される。これは「啓示による聖典を与えられた人々」といった意味で、そこからムスリムはユダヤ教徒やキリスト教徒を自分たちと同じカテゴリーに含めて考えるという世界観を持っている。先に述べた、神の唯一性や聖典、神の御徴、来世や預言者たちといった教義は、基本的にユダヤ教徒やキリスト教徒、そしてムスリムに共通するものである。よってこれらを共有している限りにおいて、ムスリムはユダヤ教徒やキリスト教徒を「不信仰者」や「異教徒」つまりカーフィルとして否定的にとらえる必要はない、ただ否定すべきなのは、他者を認めない傲慢な者たちだけである。これがイサクの提示するクルアーンのクフル概念の再解釈なのである。

他宗教徒との親和的連帯のために

こうしてクフル概念を新しい側面から見た後、イサクは宗教的「他者」との親和的連帯を模索していく。というのも、クルアーンにおいてはそれが禁じられているとする見方が強く存在するからである。イサクは「ウィラーヤ」というクルアーンの概念を解釈し、これを「親和的連帯」もしくは「協力」として理解しようとしている。「ウィラーヤ」は一般的に「統治」や「監督権」といった意味でも用いられるが、イサクはもう一つの「友好関係」という意味に着目している。「ワリー」は「友」「同志」「協力者」といった意味も持ち、この語が含まれるクルアーン五章五一節をイサクは「他者を同盟者とすることを信徒に禁じるクルアーンの句の一つ」として挙げている。

あなた方、信仰者たちよ、ユダヤ人やキリスト教徒を友〔「ワリー」の複数形「アウリヤー」」としてはならない。彼らは互いに友である。あなた方のなかで彼らと友となる者は、皆彼らの同類である。アッラーは決して不義の民を導くことはない。

イサクも言うように、ここではユダヤ教徒やキリスト教徒とのウィラーヤが禁じられているが、クルアーンの他の箇所を見ると、カーフィルや不親切な者、偽善者、自分たちに戦いを仕掛けてくる者などとのウィラーヤが禁じられている。ではイサクはこの句から、どのようにして他宗教徒との連帯を説いたのであろうか。

彼によればこれらの他者との連帯を禁じる句はメディナ期に啓示されたもので、この時期特有の宗教的・政治的緊張を反映しているという。それはタバリーやザマフシャリーの解釈の記述を参照して論じられている。それらによれば、当時カイヌカーウ族やクライザ族といったメディナのユダヤ教部族とムハンマドたちムスリムとの対立が続いていた。イサクは、このために宗教的「他者」との連帯を禁じる内容の句が啓示されたのだという。つまりこの類いの句は、特定の状況のなかにあったものとして理解しなければならないとして、他宗教徒との連帯を全面的に認めない考え方を否定している。

私が提案したいのは、クルアーンにあるカーフィルとのウィラーヤに対する禁止命令は、搾取され周縁化された「他者」との連帯ではなく、不義で不正な「他者」との協力に結びつけて考えるべきだということである。

このようにイサクはカーフィル（クフルの人々）と同様にウィラーヤの概念も限定して解釈することを試みている。「搾取され周縁化された『他者』」、つまり差別されている有色人種たちの間での宗教的連帯が禁止されているわけではない。むしろ禁止されているのは、「不義で不正な『他者』との協力」、つまりアパルトヘイト政策を実施する政府におもねることなのである。

アパルトヘイト政策の悪しき法律の一つは集団地域法で、政府によって人種ごとに居住地域が決められ、その際、有色人種が強制移動を命じられ、先祖伝来の土地が奪われたこともあった。非白人の人々の大半はこういった政策を受け入れることに抵抗したが、一部には自ら協力を申し出た者もいたという。このような行為はクルアーンが禁じる抑圧者とのウィラーヤになるという。イサクは次句を用いて、このような態度を批判している。

あなた方は悪事をなす者を頼ってはならない。そうすると業火に捕えられるであろう。

（一一章一一三節）

タクワーと人類への責任

では最後に、ワドゥードが人類の平等を読み込んでいたクルアーン四九章一三節について、イサクがこの句をどう解釈しているのかを見てみたい。

人々よ、我々〔アッラー〕は男と女からあなた方を創造し、民族や部族に分けた。これはあなた方がお互いに知り合うようにさせるためである。あなた方のなかで最も貴いのは、アッラーを畏れる者〔タクワーする者〕である。

彼もワドゥード同様にタクワーを重視している。それは、「神に対して責任があるという自覚に基づいて個人の良心の声に耳を傾けること」であるという。前述したようにタクワーは基本的に「アッラーへの畏れ・畏怖」や「敬虔さ」と訳されることが多いが、イサクはそれを個人としてアッラーへの責任を感じることのできる良心としてとらえている。またタクワーは「神と人類への両方の責任を含む」とも述べており、人間の社会に対する責任も含意する価値概念としてとらえている。

しかしイサクは、この句の「男と女」や「民族や部族」の箇所の解釈には踏み込んでいない。彼の解釈書では、性や人種の平等は所与のものとして論じられている。例えば、彼はしばしば「解放の神学とは私にとって、人種や性、階級、宗教を含む不正や搾取から人々を自由にするためのものである」といった具合にこの問題について言及している。一方で宗教的多様性について語るクルアーンの句に関連して、四九章一三節にふたたびふれており、これはクルアーン二章一四八節の解釈の文脈でなされている。

各人はそれぞれの方位に向かうのである。それで善事を競いなさい。あなた方がどこにいようとも〔最後の審判の日になれば〕アッラーは一斉にあなた方を集められる。

まずイサクはタバリー、ザマフシャリー、リダーといった古典期から近現代にかけて書かれたクルアーン解釈書を精査する。その際、「善事を競う」という点に焦点が当てられるが、リダーは解釈において「他者」を想定していると評価している。つまり近代以前においては「他者」は読み込まれていなかったということである。イサクの考えによれば、この句に「他者」を読み込むことは不可欠であり、ここでクルアーン四九章一三節を引用し、「認められて報いられる善事はだれか一人の競争者のみが独占するものではない」と述べている。これはつまり、競争は一人ではできないのであるからそこには競争相手という「他者」がいること、そしてその「他者」と「自己」のどちらかしかアッラーからの報酬を得られないわけではなく、どのような競争者であっても善行をなし、それがアッラーに認められれば報酬を得られるのだ、ということを解釈として提示している。このようにイサクはクルアーン四九章一三節をワドゥードとは異なる解釈によってではあるが、同じく多元主義の根拠として解釈しているのである。

さてこのようにイサクのクルアーン解釈もワドゥード同様に、自らの属すローカルな社会の大きな問題を解決するための根拠として提示されている。アパルトヘイトという国家が生み出した人種隔離政策の前で彼がそれに対抗するために、クルアーン解釈が有効であると考えたのである。

イサクやワドゥードのクルアーン解釈には「テーマ」がある。これは「ストーリー」と言い替えてもよいかもしれない。そしてこの点がクルアーン解釈上の問題となることはこれまで繰り返して述べてきたことである。この「テーマ」もしくは「ストーリー」、つまりワドゥードのいう「前提テクスト」やイサクの「前理解」に共感できるかどうかでこれらの解釈への評価は大きく変わってくるであろう。また、問題設定に共感できたとしても、解釈の内容に賛成できるかという別の段階が存在する。ただこれまでで言えることは、クルアーンが現代的問題への答えとなることをムスリムは求めており、それがある程度試みられ成功してきているということであろう。

＊1　Toshihiko Izutsu, *Ethico-Religious Concepts in the Qur'an*, Montreal, 1966. 牧野信也による日本語訳『意味の構造——コーランにおける宗教道徳概念の分析』（井筒俊彦著作集4、中央公論新社、一九九二年）がある。

Ⅳ

イスラーム主義への回帰——ビラール・フィリップス

1　カリブ海からカナダ、そして中東へ

改宗者の行方

ビラール・フィリップスもワドゥードと同じく改宗ムスリムであるが、改宗後に向かっていった方向は真逆とも言えるものであった。ワドゥードは先鋭的「フェミニスト」として男女平等を説き、フィリップスは保守的「原理主義者」（もちろん本人の言ではない）としてイスラームの原点回帰を説く。

彼はジャマイカで生まれ、カナダで育ち、改宗後アラブ諸国で学び暮らすという半生を送っている。経済的には、ワドゥードやイサクのように貧困とは言えない家庭環境に育っているが、カナダで初めて有色人種であることへの差別を強く感じ、西洋世界への疑問を持った。現在彼は、説教師であり教育者として、中東を拠点に世界中で活躍している。

フィリップスは一九四七年にジャマイカのキングストンでキリスト教徒の家庭に生まれ、

毎日曜日には教会に通って育った。彼の両親は教師で、祖父は教会の牧師かつ聖書学者であった（ちなみに両親も最近イスラームに改宗したという）。改宗前の名はデニス・ブラッドレイ・フィリップスであった。ムスリム名の「ビラール」はミドル・ネームの「ブラッドレイ」を残しつつ選んだということであるが、イスラーム史上初の黒人改宗者ビラールに由来するのであろう。ビラールはメッカで奴隷であったが、改宗後に解放された。

フィリップスが一一歳の時、両親の仕事の都合でジャマイカからカナダに移住し、そこで育った。彼はそこで初めてこの世界の不条理を感じたとして、こう述懐している。

ビラール・フィリップス

当時のカナダ人の大半はヨーロッパ系カナダ人でした。そしてもちろんヨーロッパ人は自分たちが優れていると考えていました。彼らはどこにでも出向いてそこの社会の人々を苦しめていました。そして彼らが他の人たちよりも優れているのだからと言って、人類の文明を破壊することを正当化したのです。こういった感覚は彼らの文学や映画、テレビなどによく表れています。

このようにフィリップスは、他者を認めず軽蔑することを正当化するような社会で育つことになり、ティーンエイジャーになる頃、その差別によって深く傷ついたという。だが、「後に両親が話してくれたのですが、彼らもまた戦っていたようです。子どもの私が学校で経験していたことよりも両親が社会で直面していたことの方がさらに辛かったのです」と述べているように、それは非ヨーロッパ系の多くの人々が経験した苦しみであった。

その後、再び両親の仕事の都合でマレーシアに移り住む。これがフィリップスの最初のムスリム社会との関わりとなった。彼はここでの生活をとても楽しんだようである。ここでインドネシア人ムスリムの少年が養子となり、一緒に住むようになったが、フィリップス自身はイスラームには関心を持たなかった。

大学はまずカナダのバンクーバーでサイモン・フレーザー大学に通ったが、悩み多かった。ベトナム戦争を支持して「人々の権利を否定する」カナダ政府に反対し、学生運動などに明け暮れ、共産主義者となる。その頃、アメリカの圧政の歴史、特にネイティブの人々や黒人奴隷への扱いに対して強い憤りを感じたという。そして西洋世界に正義を確立する必要を切実に感じ、それが共産主義の主張していることだと考えたのだった。アメリカのサンフランシスコの共産主義政党（ブラックパンサー）で働いたが幻滅し、カナダのトロントに戻り、共産主義組織に関わるが、ここでも納得できなかった。

そしてヒンドゥー教や仏教などに関わってみたが満足できず、一九七一年に、イスラームに入信した友人の紹介でムハンマド・クトゥブ（一九一九―　）の著作を読み、衝撃を受ける。ムハンマド・クトゥブはサイイド・クトゥブの弟でムスリム同胞団に属す著名な学者である。ムスリム同胞団は「アラブの春」以降エジプトの政権与党となっているイスラーム主義組織であるが、かつてはエジプト政府と大きく対立し、大弾圧を受けていた。サイイド・クトゥブ自身、ナセル大統領時代に投獄され、処刑死している。ムハンマド・クトゥブも投獄されたが、サウディ・アラビアに亡命し、メッカなどの大学で教えてきた。アル＝カーイダの中心人物であったウサーマ・ビン・ラーディンやアイマン・ザワーヒリー（一九五一―　）などもその学生であり、大きな影響を受けたとされる。

さらにフィリップスはマウドゥーディーの著作を読み、イスラームについて理解が深まったという。マウドゥーディーも前述したように、パキスタン建国を理論化したイスラーム主義者である。そしてフィリップスはイスラームこそが、西洋社会の誤りを正す最善の思想だと考えるようになり、一九七二年に入信したのであった。

イスラーム主義説教師への道

フィリップスは、後にサウディ・アラビアのメディナにあるマディーナ・イスラーム大学でイスラーム学を学び、リヤドのキング・サウード大学にてイスラーム神学で修士号を取っている。この頃から、多様な背景を持つ改宗者やイスラームを誤解している駐サウディ米軍関係者に対して、イスラームを説き始めている。また博士号はイギリスのウェールズ大学で取得している（湾岸戦争の関係で外国人がサウディ・アラビアに居住することが難しくなったからだという）。

一九九四年以降フィリップスはアラブ首長国連邦に移住し、説教師かつ教育者として活躍し、自分のテレビ番組も持った。アラブ首長国連邦のシャルジャやドバイそしてサウディ・アラビアで、出版社や衛星テレビの経営に関わっている。インターネット上にもサイバー大学を展開させている。またイスラーム学やアラビア語の基礎を解説した著作を英語で数多く著しており、そのなかに本書でとりあげる解釈書が含まれている。このように非ムスリムにイスラームを理解させ、改宗をサポートし、その後もイスラームについて説いて導くことが彼の活動の大きな柱であると言えるだろう。イスラームの用語で言うと、ダアワ（宣教）活動である。

実際に彼の元でイスラームに入信する者も多く、宣教師としても大きな影響力を持っている。ただこの点が欧米諸国の懸念となっているようでもある。自分自身も認めているように、湾岸戦争の時にサウディに駐留した米軍関係者を三〇〇〇人以上も改宗させ、そのなかの者たちがボスニアに向かっているという。このような状況を見て欧米諸国はフィリップスと「テロリスト集団」の関係を疑っており、これまでもオーストラリアやドイツで入国拒否されるという状況となっている。もちろん本人は関係を否定している。

フィリップスはしばしば、「イスラーム主義説教師」「過激ムスリム説教師」や「ワッハーブ派」「サラフィー主義者」と称される。「イスラーム主義」とはイスラーム法（シャリーア）に基づくイスラーム国家を樹立することを目指す潮流を指す。また「ワッハーブ派」とはイスラーム国家であるサウディ・アラビアの国家教義であり、極めて厳格なイスラーム法の実践を求める潮流である。そして「サラフィー主義」とは最近しばしば耳にするようになった用語であるが、「サラフ」（「サハーバ［教友］」や「タービウーン［後に続く者たち」」の世代の人々）の時代、つまりイスラーム初期に範をとり、それに回帰することを目指す動きを広く指す。よって「ワッハーブ派」や「イスラーム主義」、「過激武装派」も含まれることになる。フィリップスの一般的なイメージは、イスラームに厳格で場合によっては政治や武装行動に関わる説教師、といったものになるであろう。

ちなみに数年前に筆者は、彼が拠点としているアラブ首長国連邦のシャルジャという町の書店で、書店員とフィリップスの話をしたことがある。「彼はシャルジャにもよく来るのでは？」と尋ねると、「彼がこっちにいるはずはないよ。サウディの人だからね」という返答であった。これは彼が中東地域においても、極めてワッハーブ的に見られている一つの証拠であろう。

さてこのように見てみると、同じ改宗者でも一方は原点回帰、他方はラディカルに、といったように、フィリップスとワドゥードのその後の方向性が真逆であることが明らかとなる。ただ、あくまでもその出発点は同じであったことを理解するには、二人がほぼ同世代であることを留意しなければならない。フィリップスは一九六〇年代に学生運動に関わったが、ワドゥードも六〇年代は「ウーマンリブ」の時代だったと述べていることから、反体制的な雰囲気のなかで、西洋的ではない、新しい価値観を探していたのであった。さらに入信の時期もほぼ同じであり、時代背景に共通性を持っているのである。

2　伝統主義的なクルアーン解釈の継承

逐語解釈への回帰

このような経歴からも分かるように、フィリップスは西洋文化圏出身の改宗者でありながら、本書でとりあげている四人の解釈者のなかで最も保守的であり、クルアーン解釈にもそれが如実に反映されている。彼は伝統的な宗教学者（ウラマー）を批判することなく、従来の「伝承による解釈」を踏襲している。複数の文化や思想を知った後イスラームに改宗した彼は、現代において最も保守的な（「原理主義的な」と呼ぶ人もいるだろう）イスラームの潮流に親和性を感じ、それをクルアーン解釈においても実践している。

フィリップスのクルアーン解釈書はテーマ的なものではなく、章ごとに分けて刊行されている。現在、第四九、六七、八五、九〇、九四、九五、九六、九八、九九、一〇〇、一〇一、一〇二、一〇四、一〇七、一一〇章といった一五章ほどが解釈されているが、最初の解釈書である第四九章を除くと、その他はクルアーンの最後部にある章が多い。これらは主にメッカ期の啓示で、章に含まれる節も少なく、節や文章も短く、その世界観は黙示録的とされる章が多い。その理由の一つは、これらの多くの解釈が、彼が刊行しているイスラーム学の初級プログラム用テキストに含まれているため、短めの章を選んだということであろう。ただもちろんより長い章の一部をテキストに用いることもできるのだから、この選択はやはり彼自身の考えによると思われる。

最初に刊行され、かつ最も長い解釈書が『「部屋」章解釈――クルアーン四九章への注釈』である。これは、一九八一年にトリニダード島で行ったイマーム（礼拝の導師）用研修コースでの講義に基づいて、八九年に出版された。この研修は、西インド諸島や中央アメリカ全体のムスリム・コミュニティのために実施されたものだという。フィリップス自身がジャマイカの出身であり、この地域には関わりが深いものであったのだろう。このようにフィリップスの解釈書も、ワドゥードやイサク同様に、中東やアラブ圏から遠く離れたローカルな文脈で誕生したと言える。

フィリップスのクルアーン解釈は伝統的で、「古典期のクルアーン解釈書で用いられている」手法に基づくと自身も述べている。それは、「まずクルアーンによるクルアーン解釈を可能な限り行い、次いでその啓示がいつどうやって下されたかを伝えるスンナ（ここではほぼ伝承［ハディース］と同意）にある解説に依拠するものである」という。この「啓示がいつどうやって下されたか」はクルアーンの字句を理解するために貴重な情報で、「啓示の諸原因」と呼ばれ、前述した伝統的な「クルアーン諸学（ウルーム・アル＝クルアーン）」の一分野である。これらの伝承は、現在の解釈者にとってももちろん無視できない情報ではあるが、特に伝統的なクルアーン解釈においては主要な情報源として重要視されてきた。フィリップスはこの伝統を踏襲している。

そしてこれらからも明瞭な解釈が引き出せない場合は、預言者ムハンマドの教友（サハーバ）の見解や古典期のクルアーン解釈書の文法的解説に頼るべきだとしている。このようにフィリップスの場合は前近代の古典クルアーン解釈に全面的に依拠する、まさに「伝承によるクルアーン解釈」となっている。その解釈方法は、前述したイブン・カスィールのそれに酷似していることも指摘しておきたい（三九頁参照）。

フィリップスはさらに第四の段階として、言語によるクルアーン解釈を提唱している。その目的は「クルアーンの単語をその字義通りの意味や文法的に正しい意味に従って」理解するためだという。ここからもフィリップスがワドゥードとは異なり、クルアーン解釈にあたって、アラビア語を重視していることは明らかである。彼は「これはクルアーンの言語なのであるから、古典期アラビア語やその文法構造、修辞法などに関する知識が不可欠である」と述べている。またクルアーンの翻訳書のみに基づいた解釈は曲解を引き起こしかねないと釘を刺している。

実際にフィリップスがクルアーン解釈書と認めるものの範囲は狭い。『クルアーン解釈学原論』という著作で彼はクルアーン解釈史を論じ、そこには二三人の解釈者が含まれている。彼はそれらを「伝承による解釈」と「個人見解による解釈」の二つに分類している。興味深いことに、ここには近現代の解釈者は含まれない。最も新しい解釈者がアルースィー（一八〇二—五四）であり、彼はムハンマド・アブドゥ以降の近代的クルアーン解釈には関心が薄いようである。他の現代ムスリム学者によるクルアーン解釈史の描写には多かれ少なかれ主要な近代以降の解釈者が含まれていることを考慮すると、このフィリップスの態度は明示的である。彼は自分のクルアーン解釈を古典期の解釈書の継承ととらえているのである。

このように伝承に基づいた解釈を重視するとともに、フィリップスは「感じたままに」

クルアーンを解釈することを強く批判している。これが「個人見解による解釈」にあたるものだと考えられる。さらに彼によれば、「ムスリムのなかで広まっているクルアーンの自由解釈は、時にクルアーンのメッセージに関する混乱と曲解をもたらし」ため、改められるべきだという。

フィリップスが「逸脱したクルアーン解釈」とみなして批判しているのは、ムウタズィラ派、スーフィー（イスラーム神秘主義）やシーア派、そしてNOIのイライジャ・ムハンマドなど、スンナ派の観点からすると非正統の潮流に属すものである。そうするとフィリップスにとってワドゥードやイサクの解釈もまた、彼の言う「感じたままに」解釈したものに限りなく近いということになりそうである。

しかしフィリップスと、ワドゥードやイサクといった「進歩的クルアーン解釈者」の間には共通点が一つある。それは三者とも、聖典を解釈する者の環境や社会について考慮しているということである。フィリップスはクルアーンを解釈するにあたり、「可能な限り、私はクルアーンの句から引き出した意味を私たちの時代の問題に対して適応させるよう試みた」という。さらに「まず前述の四段階を注意深く精査してそれに基づき、矛盾しないならば、個人見解も価値があると考えられるだろう」とまで述べている。このように程度の差はあれ、特定の背景をもつ個人の見解というものが認められているのであり、後で見るように、フィリップスの解釈における現実社会への関心の高さからも、極めて保守的ではあるが彼もまた新しいタイプのクルアーン解釈者であると言えるのである。

ただしアラビア語に対する姿勢は、フィリップスとワドゥードの間に明白な違いが見られる。両者はともにアメリカにおける不平等に憤りを感じ、イスラームにたどり着いたわけであるが、その後のアラブ世界との関わり方は大きく異なっている。前述したようにワドゥードはリビアでの滞在でアラブの家父長的社会に違和感を覚えたようであり、アラビア語についても肯定的でない発言をしていた。他方フィリップスはアラブ諸国のなかでも最も厳格で保守的なワッハーブ派のイスラーム国であるサウディ・アラビアで学び、その後も近隣の湾岸諸国を活動の拠点としている。彼にとって今や、保守的なアラブ的イスラームこそがアイデンティティの基盤となっているのである。

伝統の覆いに隠された革新

実際にフィリップスの解釈書を読むと、それが古典的かつ保守的であることに強い印象を受ける。以下、彼の最初のクルアーン解釈書である『「部屋」章解釈――クルアーン四九章への注釈』を見ていくことにしよう。「部屋」章はクルアーンの第四九章であるが、一般的にムスリムは数字ではなく章名で呼ぶのが習慣である。また章名は各章の内容に沿ったものであるわけではなく、その章のなかで印象深い単語が選ばれることが多い。

前述したように彼はワドゥードやイサクのようにテーマを設定することなく、クルアーン本来の節（アーヤ）の順序に沿って解釈を行う。テーマを設定している時点で極めて「個人見解」を導入していると言えるのであるから、フィリップスの態度はそれを排したものである。彼は各節の解釈を始めるにあたって常に、その節に関連する他の節について言及する。これは「クルアーンでクルアーンを解釈する」という第一の段階である。次いでハディース（預言者ムハンマドの言行伝承）を参照するが、主に「六書」と呼ばれる最も権威を認められているハディース集から引用している。

そして古典期のアラビア語の文献に言及する。例えば「クルアーン諸学」の分野からは古典期のザルカシー（?—一三九二）による『クルアーン学における明証』やスユーティー（一四四五—一五〇五）の『クルアーン学における完成』、また現代の著作ではカッターンの『クルアーン学の諸テーマ』を、またクルアーン解釈の場合は特にイブン・カスィールの『偉大なるクルアーンの解釈』を引用することが多い。

だが興味深いことにフィリップスは必要に応じて英語資料を引用する。特に顕著なのは、アメリカのブラック・ムスリムを批判する時に引用される英語文献であろう。例えばアッラーの属性について議論する際、イライジャ・ムハンマドの息子であるウォレス・ディーン・ムハンマド(一九三三―二〇〇八)の著作を批判的に引用したりしている。その他、辞書や雑誌記事、スーフィズムに関する学術文献など英語のものが引用されている。とは言え繰り返しになるが、引用の大半は伝承である。

ただ当然ながら現代的な英語資料への言及は、古典期のクルアーン解釈書に見られるものではなく、彼独自の「私たちの時代の問題に対して適応させるよう試みた」成果であると言えるだろう。このような現代の英語資料を用いることで、彼はクルアーン解釈を自分のアイデンティティや読者の関心と結びつけており、この点で彼の解釈はワドゥードやイサクたちとの共通点を保持しているのである。

他方フィリップスは、イスラームの分派や他宗教を批判することが多い。これはサウディ・アラビアで学んだサラフィー主義者的としてよく見られる主張であり、イサク(や次に述べるギュレン)とはまったく反対の方向性を持っているということである。

フィリップスもクルアーン第四九「部屋」章九節に関連してイサク同様にクフル(不信

仰）の解釈を行っている。

もしも信者同士が二派に分かれて相争えば、両者の間を調停しなさい。もしいずれか一方が相手に非道を行うならば、その者たちがアッラーの命令に戻るまで戦いなさい。だが彼らが戻ったならば、正義を旨として調停しなさい。

彼によれば、この句はムスリムの間で生じる暴力的紛争に関する基本的な取り決めを定めている。それと同時に、次の有名なハディースの一般的な意味を明らかにするものでもある。「ムスリムを呪うことは罪であり、ムスリムと戦うことは不信仰である」。この「不信仰」が「クフル」である。

フィリップスが着目しているのは、クルアーンではムスリム同士が戦っていても、両者は「信者」と呼ばれ、ムスリムとして認められているが、ハディースではムスリムと戦うことは不信仰だとされている、という点である。フィリップスは古典期のハディース学者であるブハーリーなどに依拠して、ムスリムはアッラー以外に神を認めるなどの極めて重い罪を犯さない限り不信仰者とはならない、と述べている。

さらにフィリップスはこのクフルの問題を深めていく。彼はクフルを「行動におけるクフル」と「心におけるクフル」に分けて考える立場をとる。「行動におけるクフル」とは異教徒（カーフィル）たちと一緒に酒を飲んだりすることであるが、心では不信仰ではない。「心におけるクフル」は心のなかで信仰を失っている状態で、これは不信仰者（カーフィル）である。このように分けてクフルをとらえないため、歴史的にいくつもの騒乱が起こってきた、と彼は考えている。

その騒乱とは例えば次のようなものという。ムハンマド死後のムスリム共同体内で起こったアリー（第四代正統カリフ、六〇〇頃―六六一）とムアーウィヤ（ウマイヤ朝初代カリフ、六〇三頃―八〇）の共同体の長の地位をめぐる抗争のなかで、ハワーリジュ派という過激派が登場し、アリーやムアーウィヤをカーフィルとみなし、アリーは暗殺された。またフィリップスは現代のエジプトやサウディ・アラビアにおける騒乱も例として挙げている。エジプトのタクフィール・ワ・ヒジュラ[*1]と呼ばれる過激派集団が、その集団のリーダーであるムハンマド・シュクリーに忠誠を誓わない者をカーフィルと呼ぶようになった。そのため一九七八年にサダト大統領政府によって処罰されている。またサウディ・アラビアでも七九年にメッカで衝撃的な事件が起こった。若者たちがカアバ神殿周辺のモスクを占拠したのである。彼らもまたサウディ・アラビア政府をカーフィルと認定し、また政府の側にいる者全てをクフルの国に住む者ととらえた。この反政府運動もまた政府によって鎮圧されたのであった。

フィリップスはこのような騒乱が今も昔も生じていることに関して、カーフィルには二つの種類があることを正しく認識すれば、このようなことは起こらないはずだとしている。つまり人の外的行為のみからその内面を判断することを慎まなければならないということである。そしてこの句の最後が、紛争の平和的な調停でもって終わっていることを指摘し、これがアッラーの正義への愛を示すものであると述べている。

このようにフィリップスの四九章におけるクフル解釈は、イサクのように非ムスリムとの関係について焦点を当てているわけではない。そうではなく、ムスリム同士でクフルとレッテルを貼ることを戒める内容となっている。それは彼のクルアーン解釈がなされた一九八〇年代という、ムスリム同士の反目が生じた時代を強く反映しているためであると言えるだろう。

フィリップスはクフルを行動と心の二つに分けて考え、行動におけるクフルについては理解を示している一方で、信仰内容に関するクフルについては極めて厳しい批判を展開している。それはヒンドゥー教徒などの異教徒にも向けられるが、NOIなどのアメリカのムスリムやスーフィー（神秘主義者）、シーア派などの分派といったスンナ派以外の信条に属す人々に多く向けられている。

これはすでに述べたように、彼が学んだサウディ・アラビアという環境によるところが大きいであろう。サウディ・アラビアの国教は一般にワッハーブ派と呼ばれる厳格で保守的な宗派である。それはアラビア半島でムハンマド・イブン・アブドゥルワッハーブによって一八世紀に興った運動であるが、最初期からスーフィーやその間でよく見られる聖者崇拝への批判を伴っていた。現在に至るまでシーア派や異教徒への批判は学校教育などでも続けられている。そしてこれをフィリップスも自身の解釈のなかで踏襲しているのである。

フィリップスの解釈のなかでも独自性を示しているのが、NOIなどのアメリカのムスリム組織を批判している点である。これは彼自身がアメリカ出身であるという個人的背景によるものであろう。例えばクルアーン四九章一五節の解釈のなかでイライジャ・ムハンマドの主張が批判される。

実に信徒とは、アッラーとその使徒を信じる者たちで、疑いを持つことなく、アッラーの道のために財と自らをささげて奮闘努力する者である。これらの者が真の信徒である。

フィリップスはこの節の解釈のなかで、アッラーへの信仰、特にタウヒードについて論を展開している。タウヒードとはイスラームの重要な概念であるが、「アッラーのみを信じること」を意味し、よって「アッラーの唯一性」という抽象的な意味で用いられる。これの対概念が「アッラー以外にも神を認めること（シルク）」となり、イスラームにおいては大罪となる。

そしてフィリップスはこのタウヒードに反する諸派の見解を列挙し、それぞれを批判していく。そのなかに含まれるのが、NOIのイライジャ・ムハンマドである。イライジャ・ムハンマドの主張は、黒人は神々で、彼の師であったファードがアッラーそのものだというものであった。またアッラーは黒人の科学者で、自分自身を創造したとも説いた。この主張が、アッラーのみを神として信仰するイスラームの根本教義に反していることは明らかである。さらにアッラーに黒人という属性を付与しており、現在のどのようなムスリムにも受け入れられるものではない。しかしNOIの信者たちは、アメリカ社会のなかで黒人であるために差別を受け続け、自分たちのアイデンティティを肯定する思想を必要としていたため、このような思想を熱狂的に受け入れたのであった。しかしそれは彼らと同じ経験をしたフィリップスが、アラブの地で学んだイスラームとはかけ離れていたのであった。

タウバ(悔い改め)の条件

言うまでもなく、フィリップスはこのように解釈を通して批判ばかり行っているわけではない。例えば、他人を悪く言うことを諌めているクルアーン四九章一一節を解釈するなかで、「タウバ〔悔い改め〕」の条件についてもふれ、ムスリムとしての心のあり方を考察している。

信仰する者たち、ある者たちに他の者たちを嘲笑させてはならない。一方が他方よりも優れているかもしれない。女たちにも他の女たちを〔嘲笑させては〕ならない。一方の女たちが他方の女たちよりも、優れているかもしれない。互いに中傷してはならない。またあだ名で罵り合ってはならない。入信後に、人を悪く言うような呼び名はよくない。それでも悔い改めない者は不義の徒である。

フィリップスによれば、アッラーに悔い改めを受け入れてもらうためには、四つの条件を満たさなくてはならないという。第一は、心から真に自分のしたことについて申し訳なく思うことである。第二は現在に関わることで、もしその罪が継続的なものであるならば、それをすぐに止めることである。そうすることで罪から自由になる。第三は、その者が二度と同じ間違いを将来においても行わない心づもりをすることである。ただし人間なのであるから、実際に繰り返してしまうことはある。そして第四の条件は、もしそれが他人を巻き込む罪であるならば、その者は罰を受け、また被害者の許しを願う必要がある。そしてフィリップスはこう述べている。

悔い改めの門はそれを求める者には広く開けられている。イスラームは、この句の最初にあるように言葉による嘲笑や罵りといった禁じられた行為をしてしまった者が許しを得るための方法を十分に提供している。

このように前述したクフルの解釈と同様に、フィリップスは人間が誤った行為をしてしまうことを認め、それを悔い改める心を重視している。

タクワーと人種問題

さてフィリップスもまたクルアーン四九章一三節に解釈を行っている。彼も人類の多様性・多元性とタクワー（アッラーへの畏怖・敬虔さ）について語っているが、それはワドゥードやイサクとは異なる様相を呈している。

現在人類のなかに存在している民族や肌の色、そして文化の相違にもかかわらず、その源は同一なのである。

ただこの引用について留意したいのは、ジェンダーについて言及がなされていない点である。フィリップスはこの引用句の後、イスラーム的観点からの男女平等について述べている。それによれば、男女は神を崇拝する責任に関して平等であるが、異なる役割を持っている。そして「男性は家族のための番犬のようであり、女性は夫の家のための番犬のようなものである」という預言者ムハンマドのハディースを引用している。つまり活躍の場がまったく違うということである。

フィリップスはこの句にあるタクワーについて、ビラールという黒人に関する伝承（ハディース）を引用して解釈を進める。このビラールとは前述したように、ムスリム史上初の黒人改宗者とされる人物である。その伝承によれば、ムハンマドはビラールに「あなたが茶色の者や黒い者よりもタクワーを持っているならば、彼らよりも優れていると言えるだろう」と語ったという。つまり肌の色ではなくタクワーの度合いが重要だということである。このようなフィリップスの解釈から考えれば、彼のタクワーへの関心は人種や肌の色という問題の範囲内での平等とそのなかでのタクワーによる優劣という点にあり、ジェンダーに関しては伝統的な見解を大きく出るものではないと言えるだろう。

＊1　「タクフィール」とはまさしく、「他者をカーフィルとみなすこと」を意味している。

V　西洋社会との協調

——フェトフッラー・ギュレン

1　トルコが生んだ世界的市民運動家

理念とその半生

フェトフッラー・ギュレンはこれまでの三人の解釈者に比べると、いくつかの相違点がある。イスラーム教徒が多数派であるトルコ出身であること、公式に認められた宗教者として活動した経歴があること、大規模な市民運動組織のシンボル的存在で日本でも多少知られつつあること、などであろう。しかし彼もまたトルコを出て、現在アメリカに活動の拠点を置くマイノリティ・ムスリムである。世界的にもその名を知られており、例えば二〇〇八年に、イギリスの雑誌『プロスペクト』のトップ一〇〇知識人の一位に選ばれている。ちなみに二〇〇五年の一位はノーム・チョムスキー、二位はウンベルト・エーコであった。

彼の理念を大きくまとめてみれば、イスラームと西洋の相互理解の促進、教育の向上、

フェトフッラー・ギュレン

喜捨に基づく弱者への援助が主要な柱になるであろう。例えば九・一一、つまりアメリカで二〇〇一年に起こった同時多発テロ直後の九月二一日に『ワシントン・ポスト』紙に以下のようなメッセージを出したことでも知られる。[*1]

イスラームは、全ての個人の権利に敬意を表し、たとえそれが共同体のためであったとしても誰も暴力の対象としてはならないと明言している。クルアーンは、正義に反して事実として生命を奪った者は、人類全体を殺めたのと同じだと述べている。また我々の預言者であるムハンマドは、ムスリムとはその手でもっても舌でもっても害をなすことはない者のことである、と述べている。

このようにテロという行為を行った者はムスリムとして認められないと、強く主張している。その際、クルアーンと預言者の伝承（ハディース）を引用している点が、ギュレンの宗教的な基盤の深さをよく示していると言えるだろう。またローマ法王パウロ二世やキリスト教聖職者、ユダヤ教のラビとの宗教間対話を実現させるなど、実際にも活発な他宗教との相互理解を深めるための活動を行っている。

ギュレンは教育の向上のために、数多くの学校をトルコのみでなく世界各地で創設している。興味深いことにその学校では特にイスラームやトルコ語が強調されて教えられるわけではなく、各国の文化や社会に即した上質な教育を与えることを目指しているようである。また援助であるが、これは日本でも二〇一一年三月一一日の東日本大震災の際、三月下旬からすぐにギュレンの支持者による物資の配送や支援、炊き出しなどが開始されていたように、活発に展開されている。

ギュレンは一九四一年に東トルコのエルズルムという都市に近い小さな農村で生まれた。彼の父はイマーム（導師）で、ギュレンにイスラームやアラビア語、ペルシア語の基礎を教えた。母もまた彼に強い影響を与えた人物で、彼女は密かに村の少女たちにクルアーンを教えており、またギュレンの最初のクルアーンの先生でもあった。村で秘密裡にクルアーンを教えなければならなかった理由は、トルコ共和国という国の成り立ちに関わる問題である。当時のトルコ政府はクルアーン学校などの宗教的教育は禁止し、ただモスクと公共の場での礼拝のみを認めていたのである。

そもそも現在のトルコ共和国は、ケマル・アタチュルクによる一九二三年のトルコ革命を経て、西洋列強によって解体されたオスマン・トルコ帝国の後継として誕生している。ただ領土は極めて狭くなり、かつそれまでのイスラーム王朝の性格を捨て、世俗的近代国家として生まれ変わったのである。例えば文字改革によってアラビア文字がアルファベットに変えられ、また宗教学者（ウラマー）たちも政府の管轄下に入ることになった。このようにイスラーム的要素を公的な場から排除していったのである。ただし現在に至るまでトルコは政教分離の世俗国家であるが、どこまでイスラームという宗教の発露を公の場で認めるのかは時期によって違いがある。

さてこのような政治的背景のなかではあったが、家庭でイスラームの基礎をしっかりと学んだ後、ギュレンは地元の教育施設に通った。そこでカーディィリー教団のイスラーム神秘主義者（スーフィー）の指導のもと、クルアーンを暗唱した。ギュレンの思想やクルアーン解釈にはスーフィー的な要素が強く見られるが、それは彼が幼少期から深く接してきたからである。この点、スーフィーを批判するフィリップスとはまったく違う傾向を持っている。

さらにギュレンはティーンエイジャーの頃、サイイド・ヌルスィー（一八七八—一九六〇）の読書サークル（ジャマート）に入った。ここで彼は他の生徒たちとクルアーンやヌルスィーの著作について学び議論した。サイイド・ヌルスィーとはトルコ東部出身のクルド系思想家で、ヌルジュと呼ばれるイスラーム団体の創始者である。オスマン・トルコ時代には政府のために働いたが、トルコ革命後の世俗化したトルコ共和国下では国是である世俗主義《ラーイクリキ》に反した罪で繰り返し逮捕され、流刑の身となった。流刑中にクルアーン解釈について書いた書簡が後にまとめられ、ここではクルアーンが西洋科学とスーフィズムの双方の視点から解釈されている。

ギュレンのクルアーン解釈においてもヌルスィーの解釈がしばしば引用されており、その影響の大きさは明白である。ただギュレンはクルド民族出身のヌルスィーと異なりトルコ性を重視している。自らの提唱する思想を「アナトリア的（トルコ的）イスラーム」と呼び、他文化や他宗教に寛容なオスマン・トルコの伝統に根ざすイスラームの確立を目指している。

世俗主義と宗教の狭間で

このようにギュレンは公的ではない地元の教育システムを通して、基本的な学識を身につけた。彼が学んだのはアラビア語の文法や修辞に加え、イスラーム法、クルアーン解釈学、神学などのイスラーム宗教諸学であった。クルアーン解釈学に関して言えば、彼は古典期から現代に至る大量のクルアーン解釈書を学んだ。例えば、ザマフシャリー、イブン・カスィール、サイイド・クトゥブの解釈書などである。そして世俗的な学校で受けるはずの教育については、外部の試験を受けることで修了した。

一九五九年にイマームになるための国家試験に合格し、宗教者として公的に勤務を開始する。西トルコに移り、モスクにイマームとして勤め、寮制のクルアーン学校でイスラーム宗教諸学を教えた。またこの頃から教育に強い関心を持っていたという。

その後、モスクでの説教や教育活動が評判を呼び、注目を集めるようになる。しかしそのために、一九七一年に逮捕され半年にわたって獄中生活を余儀なくされた。これは、彼が非合法に若者の教育のためのサマー・キャンプなどを実施したことにより、政府が彼のことを、トルコ共和国の国是である世俗主義を脅かし、トルコを宗教国家にしようと企んでいるとみなしたためであった。その後もトルコ共和国の世俗主義を体現する存在である軍部によって、折にふれてギュレンに対して圧迫が加えられた。彼は八一年にイマームとしての職位から公式に引退している。

しかし一九八〇年代になり、トルコ社会が変化したことで、ギュレンの思想はより広まっていく。当時から経済の自由化が始まって富裕層が生じ、そのなかでギュレンの思想に強い共感を持つエリート層が増えたためである。ギュレンはイスラームに基づきつつ勤労と教育の重要性を説くため、新しい富裕層の間での支持が拡大したのであろう。そしてこの頃からギュレンの理念に基づく学校がトルコ中に、さらに九〇年代からは他のアジア諸国や欧米にまで広まっている（ちなみに現在は日本にも創設されている）。

そして一九九八年にギュレンはアメリカに移住している。糖尿病治療のためと言われるが、実際には政治的な理由があったと推測されている。前述したように、トルコにおいてはその活動に対してしばしば制限が加えられたためである。アメリカにおいても、彼の支持者の活動は極めて盛んであり、政界や学界での活動に加え、地域コミュニティに深く関わるプロジェクトを様々に展開している。

ギュレンの理念に基づく市民運動はグローバルに展開されており、一般的に「ギュレン運動」と呼ばれることが多いが、自称は「ヒズメット（奉仕）運動」である。支持者の活動内容の一例はすでに述べた被災地支援などに加え、文化センターをつくり、そこで交流プログラムを提供することも多い。つまりトルコ文化を理解してもらい、イスラームについてよくある誤解を解き、良好な関係を築くことを目指している。その他、学会活動も盛んで世界各地で行われている。

実際にギュレンが投獄された事実や、また彼のアメリカへの移住の経緯を考えても、その活動があまりに盛んになっているために、その「真意」がとりざたされることも多い。ギュレン自身やその支持者によるトルコ政府（与党の公正発展党）への影響力の行使についてのみでなく、実際に政権をとろうとしているとの言説も存在する。これは新興の組織には常に生じる現象であろう。

他方、興味深いことに、ギュレンやその運動は、欧米の中東イスラーム研究者から高い評価を受けている。例えばギュレンについてある研究者は、「グローバル化された多文化多元主義のイスラーム的言説を発展させる人物」であり、その教育活動によって彼の理念がグローバルとローカル、ムスリムと非ムスリムの架け橋となっている、と述べている。このようにギュレンの思想やそこから影響を受けた市民運動は、西洋のリベラルな層と親和性を持ち、歓迎されつつあるようである。

2 自己を律し、他宗教との対話を追求するクルアーン解釈

クルアーンの内的意味の追求

ギュレンのクルアーン解釈書『クルアーンを内省的に読む』（トルコ語二〇一一年、英語二〇一二年）は伝統と現代性の双方を合わせ持っており、それはその方法論と内容において見られる。加えてクルアーン解釈が非ムスリムにも共感を抱かせる内容であることも少なくない。それはこの解釈書の関心が、イスラーム神秘主義（スーフィズム）に基づきつつ内省的に、人がいかに生きるべきかを論じている部分が大きいせいでもあるだろう。

まずスーフィズムの影響であるが、前述したサイイド・ヌルスィー以外にも古典期の著名な学者であるガザーリー（一〇五八―一一一一）やイブン・アラビー（一一六五―一二四〇）がしばしば引用される。ガザーリーはイスラームの神学と神秘主義を思想的に統合さ

せたとされる大学者であり、またイブン・アラビーは「存在一性論」や「完全人間論」を提唱し、後世に大きな影響を与えた高名な学者である。

またスーフィー特有の用語も用いられている。神秘主義的な世界観に基づくので簡単には分かりづらいが、例えば、「ラターイフ・ラッバーニーヤ」は、「知性では把握できないような精神的なリアリティを直接知覚するための精神的な能力」、また「ハキーカ・アフマディーヤ」は「預言者ムハンマドのアフマドとしての存在論的真理」と訳されている。「アフマド」とはクルアーン六一章六節においてイエス（アラビア語でイーサー）によって言及される人物の名である。そこではイエスの後に来る使徒の名前とされており、ムハンマド（Muḥammad）もアフマド（Aḥmad）も同じ子音（ḥ-m-d）から構成されていることから、預言者ムハンマドその者のことだと解釈されている。これらの用語はスーフィズムの文脈で用いられることが多いものである。

これらに加えて、ギュレンの解釈方法論は極めてスーフィー的である。概してスーフィーの解釈者たちは、クルアーンの句には全て「外的な意味」のみならず、「内的な意味」があると認識する。アラビア語で「外的な意味」は「ザーヒル」、「内的な意味」は「バーティン」と言うが、これはスーフィー解釈者がクルアーンの内面的な意味を深く理解しようとする際に用いられる用語である。彼はクルアーンの字句には複数の意味があると考えている。クルアーンは言語的な美しさと深遠さを持った豊かな言語で啓示されているため、「意味にはいくつもの層があり、知識や理解力がどのようなレベルの人たちでも満足させることができる。砂漠にいる普通の人から言語や科学の専門家に至るまで」としている。

では一つ例を挙げてみよう。クルアーン五五章一九―二〇節「アッラーは二つの海を一緒にしたが、その間には越えられない障壁を置いた」についてギュレンはこう解釈している。

これらの句は、全ての「海」つまり領域について指し示しており、それは精神面でも物質面でもあるし、比喩でもあり事実でもある。主権や奴隷性という領域から必然と偶然という分野まで、また現世から来世まで（可視的で物質的なこの世界と全ての不可視界も含む）、太平洋や大西洋、地中海や紅海、海や地下での塩水や淡水、さらに淡水も塩水も流れるユーフラテス河やチグリス河といった大河でもある。これらは全て、私が言及するまでもないことも含め、字義通りにも比喩的にもこれらの句に含意されているのである。

このように「二つの海」という語句を広い範囲の意味を込めて理解している。それは、精神／物質、現世／来世という相反する二つの抽象的概念であったり、もしくは現実世界の実際の水であったりするとされている。

ではさらにもう一つの内面的解釈の例を見てみたい。クルアーン三三章四節には「アッラーはどんな者の体にも二つの心臓を創ることはない」という少々奇妙に思える句がある。ギュレンはまず、この「二つの心臓」の意味について、歴史的な視点から述べている。それによれば、イスラーム以前のアラブ人たちは、「知的で有能な人間は二つの心臓を持っている」と信じていたが、この句によってその考えが否定されたのだという。

彼はその「隠喩的意味」つまり内面的意味を解き明かす。ここでの「心臓」とは生物学的なものではなく、「ムスリムのスーフィー（神秘主義者）たちが呼ぶところの聖なる能力である。だがこれは生物学的な心臓とも関係はしている」のであり、人間の精神や高潔さのセンターのようなものだという。それは「人間の精神的で高潔な生活のために最も不可欠な装置」である。そして全ての人の心臓は一つであるが、それは生物学的な機能と精神的な機能の二つを持っているという。このようにギュレンは「心臓」という言葉を隠喩的に解釈し、クルアーンの持つ奥深い意味を解き明かそうと試みている。そしてその背景にある思想は、精神と物質という二面性を認めた上でこれらを統合して世界を理解しようとする神秘主義的な意識に基づいている。

このように意味の多層性を認めるということは、解釈の可能性を広げることであり、同時に他の解釈も認めることにつながる。またこれまで見たようにギュレンの解釈は、従来の外的な意味のみにしか着目してこなかった伝統的な解釈を排しつつ、精神的な思索に基づいたものとなっている。ギュレンはワドゥードやイサクのように明白に伝統的解釈を否定することはないが、実際の解釈のなかでは、自らの深い洞察を尊重して解釈しているのである。

さらに指摘しておくべき重要なことは、ギュレンは自らがクルアーン理解の深奥に入り込むことを志しているだけではなく、クルアーンを読む者たち自身も内面的な思索を行うことを勧めているという点である。

クルアーンを学ぶ者たちはまるで虹に乗るように、その内面世界の観想によって理想化され、他の者たちが現実と呼ぶ多くの事柄をギャロップで駆け抜けるのである。

またギュレンは、クルアーンの内的な意味を理解するためには、読み手もまた自分自身の内面性を磨く必要があることを示唆している。彼は、自分の内面的な深みからクルアーンを読もうとしない者について、「自分自身の深みにはまっているだけの不幸な人たち」と批判している。そして内面からクルアーンを読むことができる者は、現実世界の問題解決の鍵とともに自分自身の精神的な満足を得られると主張している。そしてクルアーンの字句の多義性によって、「全ての人が問題を解決し、精神的な探求を満たすことが可能になる」という。このように、クルアーンを解釈するにあたって、現実社会における問題解決と同時に、内面的な満足を重視する姿勢は、まさにスーフィズム（イスラーム神秘主義）の大きな影響だと言えるだろう。

心の病と不信仰をめぐって

ギュレンの解釈書『クルアーンを内省的に読む』は、ワドゥードやイサクのように強いテーマ性のあるものではなく、彼が選んだ章句それぞれに解釈をほどこすというものである。よってクルアーンの全ての句が解釈されているわけではない。ただこの章句の選択もその解釈の一部であり、そこからもギュレンの意図がうかがえる。彼はムスリムの心の内面や生き方、またユダヤ教徒やキリスト教徒との関わり方に関連する句を選ぶことが多い。まずはギュレンが不信仰についてどう述べているのかを見てみよう。それはクルアーン二章一〇節の解釈を通して示される。

彼らの心には病が宿っている。アッラーはその病を重くする。彼らの偽りのために、厳しい懲罰が下されよう。

ギュレンはまず「アッラーはその病を重くする」に焦点を当てる。他のクルアーン解釈者はそれを「犯した罪に対する罰」ととらえるが、ギュレンはこの説をとらない。そうではなく、アッラーが「その病を重くする」という句は、その者たちは心が悪で満たされてそれを実行に移し、またさらにこれを繰り返すということを意味しているという。

さらに彼は、人の本性について語っている。人の性は生まれながらにして善であり、精神的な病は非本質的である。しかし人が心の健康に留意しなければ、ウイルスに感染してしまう。そして誤りや罪を重ね、ついには最大の罪である不信仰に至るのである、と。このように不信仰はムスリムにとって最大の罪であり、それは日常のより小さな過ちを繰り返すことで、最終的に不信仰の状態になると考えられている。

その状態についてギュレンはこう述べている。心の病が、信仰の腐敗や疑念となった時、それこそが潜在的な不信仰なのである。偽善者たちはアッラーから自分たちの魂に与えられるもの全てに疑問を持ち、他の者たちも皆同じような状態だろうと考える。同時に偽善者たちは、他の者たちも皆信仰心がないならば、誰も信じられないとも思うようになり、さらに苦悩を深めていくことになる、という。このようにギュレンの解釈は他の解釈者とは異なり、アッラーからの罰ではなく、人の行為や心理に焦点を当てたものとなっている。よってこれを読む者たちは、アッラーからの罰を恐れて罪を避けるということよりも、罪を重ねることで自分たちの心の内面が醜くなっていくことを恐れる意識を強めるのであろう。

人生哲学

ギュレンはクルアーン解釈書のなかで、いくつもの生き方への示唆を提供し、彼自身これを「人生哲学」と呼んでいる。それらは大きく社会的なものと精神的なものに分けられるだろう。社会的なものとしては、例えば変革時代のムスリムの課題であり続けてきた、ムハンマドの慣行《スンナ》にない「革新（ビドア）」を受け入れることの是非や、植民地時代以降「私たちムスリムが西洋に遅れている」理由、民主主義と独裁制についてなどが議論されている。さらに日常生活に関わるものとして仕事と生活のバランスについても語っており、これは現代に生きるムスリムのみならず非ムスリムにも興味深い内容である。

まずクルアーン九四章全体をここに引用したい。

一　われは、あなたの胸を広げなかったか。
二　あなたから重荷を降したではないか。
三　それは、あなたの背中を押し付けていた。
四　またわれは、あなたの名声を高めたではないか。
五　本当に困難と共に、安楽はあり、
六　本当に困難と共に、安楽はある。
七　それで手があけば、また励みなさい。
八　（只一筋に）あなたの主に傾倒するがいい。

これはメッカ期に下されたもので、当時ムハンマドはイスラームを説くなかでメッカ社会と対立し、苦労の多い状態にあったが、この啓示は聞く人を叱咤激励する内容となっている。ギュレンはこの章の七節「それで手があけば、また励みなさい」を解釈し、この句はムスリムにとって「重要な人生哲学」を提示していると述べている。それによれば、この句が示唆するのは、「隙間なしに」最も効果的に時間を使う方法についてで、それは仕事と休息を交代にすることである。

例えば、読んだり書いたりして仕事に疲れたら、休息をとったり仕事を変えたり、もしくはクルアーンを読んだり礼拝をしたり、友人と話をしたりして、少ししたら、再び元の活動に戻るということである。「つまり、信仰者たちは常に活動的であるべきであり、そのためにはその活動内容を変えつつ常に活動的であり続けるべきなのである。それがつまり、仕事をしながら休息し、休息している間に仕事をするということである」。このようなことは当然だと思われる読者も少なくないだろう。しかしこのように効率を重視して時間を使うという発想は極めて近代的なものであり、それをクルアーン解釈として提起している点が、現代的と言えるのである。

次に精神的な側面に関する人生哲学についても見ておきたい。ここにも様々な内容が含まれるが、忍耐や熟考の重要さもテーマとなっている。さらに人の内面に関する深い洞察を示すものとして、「エゴを殺す」という解釈が提示されている。これはクルアーン二章五四節の解釈から引き出されたものである。この句は、モーセ（アラビア語ではムーサー）について述べているもので、彼の民がその教えに背いて神（アッラー）ではなく、金の仔牛を崇拝しているシーンの描写である。これは旧約聖書の出エジプト記でも描かれており、聖書とクルアーンの共通性をよく表している。

その時ムーサーはその民にこう告げた。「私の民よ、本当にあなた方は仔牛を選んで、自らを罪に陥れた。ゆえにあなた方の創造主に対して悔い改め、あなた方自身を殺しなさい。そうすれば、創造主の御心にもかない、あなた方のためにも良いだろう」。こうしてアッラーは、あなたがたの悔悟を受け入れられた。

この句のなかに「あなた方自身を殺しなさい」という箇所があるが、これの解釈が焦点となる。一般的な解釈は「お互いに殺し合いなさい」や「金の仔牛を神としなかった者たちは、そうした者を殺しなさい」という意味とされる。だがギュレンはこの句を「(大罪を犯した)あなた方自身(の内で)殺しなさい、そしてその恐ろしい罪からあなた方を純化しなさい」という意味だとしている。

そしてさらにギュレンは、より精神的な解釈を提示している。それによれば、「あなた方が宗教的、社会的、そして知的統一性を破り、自分の共同体に争いの風潮をもたらしたのであるから、お互いに争いなさい」や「自分自身やそのエゴを殺しなさい。あなたの精神的存在を再生させるために」という意味になるという。またさらにギュレンは、よりスーフィー的な解釈を加えている。「欲望や怒りといった人を惑わす感情を殺し、精神的な再生に到達するために、あなたのエゴを殺しなさい」。

このようにギュレンの解釈は、人間の精神的な面に関心を向け、どのように生きるべきかを示唆するものも含んでいる。このような解釈は「己」の増長を制限するものであり、ある意味で東洋的であると言えるかもしれない。

このように精神面を重視する一方で、ギュレンは行動することを強く推奨している。

あなた方は、人びとに善行を勧めておきながら、自分では忘れてしまったのか。あなた方は啓典を読誦しながら、それでも理解しないのか。

このクルアーン二章四四節に関連してこう述べている。

言葉や行動が重要である。これらは正しく義であるものを伝え褒め称えるための二つの次元における手法である。これらの二つの次元が、真理を述べ伝え支えるために結びつけられた時、その結果は素晴らしいものとなる。

同じ内容が、ギュレンの著した『愛と寛容のグローバル文明に向けて』という著作においても見られる。そこで彼は、「乗り越えなければならない課題が数多くある。その最たるものは、言葉の美しい表現を実行に移すことである」と述べている。そして実際に彼の唱える言葉は、多くの人々に影響を与え、その行動の原動力となっている。それが数々の市民運動となって世界中に展開しているのである。

タクワー解釈――いかに生きるか

ワドゥードやイサク、フィリップスは共通してクルアーン四九章一三節をとりあげていたため、本書でも比較の意味を込めてその解釈を紹介してきた。ギュレンはこの解釈書のなかでこの句については言及していない。だがタクワーについては六五章二節「アッラーを畏れる者には、出口が与えられる」の解釈のなかで論じている。この句は離婚に関する文脈で啓示されたもので、この句に至るまでは、離婚プロセスについての諸規則が言及されている。タクワーの語はこの句の「アッラーを畏れる者」という言葉の「畏れる」として、動詞形で含まれている。

ギュレンはタクワーを「うやうやしい敬虔さと正しさ」として、生活の全ての歩みにおいてアッラーの命令を順守すること、と定義している。その状態になるためには、宗教的な規則や命令とともにアッラーによるこの世界の創造と維持の法則に従う必要がある。「宗教的な規則や命令」に従うことは内面的なタクワー、「この世界の創造と維持の法則」に従うことは外面的なタクワーである。この二つの面は不可分であるが、両方においてタクワーを実践することは簡単ではないという。このようにギュレンはタクワー概念についても、心のなかに関係する「内面」と現実社会に関係する「外面」に分けて解釈しているのである。

続いて「出口」に関する解釈になる。ギュレンによればそれは、困難な状況に陥り、そこから逃れ出たいと思っている者のことを示唆している。そして全能の神であるアッラーはその者を救い出すことができるが、他方、それをしない場合もあるという。よってムスリムは、自分ができるだけ努力をしてアッラーからの救いを待っても、それが得られないこともある。しかしそうだからといって失望してはならず、アッラーと向き合って祈るべきであるという。

ここでギュレンは人間の意思の卑小さを指摘する。アッラーがこの世界の全て、天地の動きも人間の身体も全てを創造し、動かしているのであり、全てがアッラーの一存によって決められている。したがって人間が困難な状況から救われるかどうかも、アッラーの考え一つによる、と。これはイスラームの根本教義（六信）の一つである「運命」に関連する思想であり、人間の自由意思と因果関係で世界の動きを理解する考え方が広まっている日本においては、なかなか納得できないかもしれない。しかしイスラームは唯一神アッラーに全ての権限が集中する思想体系であり、人間は最終的にはその意思に身を委ねるしかないと考えられているのである。

この句の解釈の最後にギュレンはこうまとめている。

つまり、もし我々が法に反することを控え、義務的な命令を完璧に満たし、疑わしいことをできるだけ避け、認められていることについても注意し、そしてまたアッラーがその創造で行ったこと――アッラーの生活や世界の創造と維持に関する法則と呼ぶが――を遵守すれば、我々が陥っている様々な困難なことから助けられるであろう。アッラーは好意から我々に報酬を与え、祝福し、この世の汚れた生活から遠ざけてくださるであろう。そしてアッラーは我々を死の苦悩や恐怖、そして来世での復活の過酷さから救い出してくださるであろう。

このようにギュレンは、人間自身が困難な事柄を解決するのではなく、タクワーというアッラーの意思にそった敬虔な生活を送ることで、アッラーからの救いが得られる可能性をこの解釈のなかで示唆している。これはたゆまない努力を続けながら、最終的には神の意思に委ねるという、ムスリムの生き方を提示した解釈である。

啓典の民――ユダヤ教徒やキリスト教徒との架け橋

ギュレンの重要な関心の一つが、イスラームと西洋、特にユダヤ教とキリストの関係であることはすでに述べた。ここでは「啓典の民」に語りかけているクルアーン三章六四節に関する彼の解釈を見ていきたい。この句はまず「言いなさい」という言葉で始まる。クルアーンはアッラーの言葉そのものとされているように、この命令の発話者はアッラーである。そして命じられている者は預言者ムハンマドということになる。

言いなさい。「啓典の民よ、私たちとあなた方との間にある共通の言葉のもとに来なさい。それは『私たちはアッラーにのみ仕え、他の何ものをも列しない。また私たちはアッラーを差し置いて、外のものを主として崇拝しない』というもの」。

ギュレンによればまず、この句はムスリムとユダヤ教徒・キリスト教徒の間に架け橋をかけること、つまり「対話」を呼びかけている。さらに彼はこの句に対して精神的な解釈を試みている。この「対話」という目的を達成するためには、「タフリヤ」つまり「純化」

のプロセスが必要だという。それはなぜならば、かつて啓典の民は自分たちに与えられた聖典を通してアッラーについて知っていた。だが、時間がたつにつれて、彼らの認識が変化し、キリスト教徒が三位一体理論を構築したり、神父やラビに贖罪などの神の役割を認めたりと、神に比される存在をつくってしまったからである。

よって「純化」とは「アッラーの神性に関して他のものを付け加えることの禁止」のこと、つまり、アッラー以外のものを崇拝し、その唯一性（タウヒード）を犯すことを禁じるということである。これは感情や理性、そして行動の全てにおいてもなされるべきだという。そうすることで三つの宗教がともに唯一の神への道を歩むことができるのである。ただしこの理論はキリスト教徒やユダヤ教の現在の姿の修正を求めるものであり、彼らが認めるのは簡単ではないであろう。

いずれにしてもギュレンはこれらの一般的には対立していると見られている三つの宗教の間に、唯一神信仰という共通の基盤を見出している。ただこの句の解釈の冒頭で述べているように、彼は「啓典の民」とのみ友好関係を構築したいと考えているわけではない。「我々は啓典の民だけでなく、ファラオのような手に負えない人々に対してさえも親切でなければならない」という。ここで言うファラオとは古代エジプトの王のことで、クルアーンにもモーセとともに登場する。このギュレンの言葉が意味しているのは、一神教徒の「啓典の民」だけではなく、多神教徒とも親しくすべきである、ということになる。

ギュレンと同様にイサクも他宗教徒との関係を模索した。イサクはアパルトヘイトという目の前の大きな障害に立ち向かうために、キリスト教徒たちとの連帯を求めたのであった。ギュレンは近代西洋の影響を激しく受け、世俗化したトルコという国に生まれ、キリスト教世界とどのように関わっていくのかを追求してきたのだと考えられる。西洋の影響ゆえにイスラームが抑圧された環境のなか、イスラームを深く学びつつ成長した彼にとって、両者をどうつなげていくのかは重要な問題である。そしてそれが、世界全体の問題であることは言うまでもない。ギュレンもまたローカルな地点から始まって、グローバルな問題解決につながる解釈を生み出したのであった。

以上のようにギュレンのクルアーン解釈はスーフィーの伝統を引き継ぎつつ、現代的問題の解決を模索する視座を持っている。クルアーン解釈史の視点から見ると、この解釈は「伝承による解釈」ではなく「個人見解による解釈」に属すると言えるだろう。しかしその解釈手法はクルアーンの章句ごとに、過去の文献を踏まえつつ解釈するという古典的な側面も保持している。ただクルアーン解釈にはこれら二つのジャンルの他に、「内的意味による解釈」というジャンルが加えられることがあり、ギュレンの解釈はここに含めるのがよりふさわしいと考えられる。

実はスーフィー的なクルアーン解釈は、ムスリムの間では評価が分かれている。内容がイスラーム法に反しない限りはこの種の解釈を認めるとする見解もある。しかし前述したように、サラフィー主義者で「伝承による解釈」を著したフィリップスなどはスーフィー的解釈を批判している。彼によればスーフィーのクルアーン解釈は「逸脱しており」、そして「物質よりも精神的なものを過剰に強調している」という。だがギュレンのクルアーン解釈においては精神的なものが過剰に強調されているようには見受けられない。彼は現実的なことについても様々な解釈を提示している。このようにギュレンのクルアーン解釈は古典を踏まえつつ現代的であり、精神面と現実面の双方を視野に入れた、バランスのとれた著作であると言えるであろう。そしてこれは、解釈に二面性を付与することで、内面的解釈を可能とするスーフィー的伝統に基づいてこそ可能となったのであった。

ワドゥードやイサクはクルアーン解釈史を塗り替えつつ、それを通しての現実問題の解決を模索し、フィリップスは英語を用いて古典的解釈を踏襲しようとした。これらに対してギュレンは、スーフィズムというイスラームのもう一つの重要な伝統を踏まえ、極めて現代的な解釈を生み出したのである。そこには良きムスリムとしての自己鍛錬と他宗教徒との友好が読み込まれている。

＊1　http://guleninstitute.org/news/37-news/98-gs-condemnation-message-of-terrorism（二〇一三年二月二三日アクセス）

おわりに——クルアーン解釈の今

イスラーム社会における限界――アブー・ザイド亡命事件

ここまで四人の現代的クルアーン解釈者の半生やその解釈について見てきた。ここからは、彼らの現代グローバル社会における意義を考えてみたい。そのために、本書でも何度か言及してきたアブー・ザイドという学者について紹介したい。

アブー・ザイドは一九四三年にタンターという下エジプトの地方都市で生まれた。幼い頃からクルアーンに通じ、八歳で一字一句を暗誦できたという。また若い時期にムスリム同胞団に加わり、五四年に一一歳の若さで投獄された。サイイド・クトゥブの影響を強く受けていたという。このような政治と宗教への意識の高さは、イサクを彷彿とさせる。

一時期、父の後を継いで職についていたが、カイロ大学に入り、一九七六年にアラビア学科で修士号を取得した。その後、カイロ・アメリカン大学やペンシルバニア大学で研究し、教鞭をとった。八一年にカイロ大学で博士論文を完成させ、八五年から八九年にかけて大阪外国語大学の客員教員を務めた。その後エジプトに戻り、カイロ大学の助教授となる。

しかし一九九三年にカイロの高等師範大学の教授が、アブー・ザイドをそのクルアーン解釈の内容から「背教者（ムルタッド）」として告発し、彼の教授職への昇進が阻まれた。その後、政府系の出版社によって彼を不信仰者だと非難する論調が強まった。さらにあるイスラーム主義者が彼を家庭裁判所に訴え、アブー・ザイドとその妻の結婚の無効化を主張するに至った。これは、ムスリム女性は非ムスリム男性と結婚できないというイスラーム法に基づく訴えである。つまり、アブー・ザイドはもうムスリムではないので、ムスリムであるその妻との結婚関係は無効であるべき、ということなのである。言うまでもなく、アブー・ザイドに対する攻撃であった。そして九五年にその訴えが認められてしまう。

加えてアズハル大学というエジプト（そしてスンナ派世界）で最も伝統と権威を持つ宗教大学の教授たちが、アブー・ザイドの処刑を求める声明を出す。この頃、イスラーム過激派組織もまた、彼の暗殺宣言を出していた。このような混乱のなか、アブー・ザイドは妻とともに亡命せざるを得ず、一九九六年からオランダのライデン大学のイスラーム学教授となり、ヨーロッパを拠点にその後も論文を公にしてきた。そして二〇一〇年に亡くなっている。

さてこのような社会に大論争を巻き起こした原因は、アブー・ザイド独自のクルアーン研究にあった。前述したように彼はイサクに影響を与えている。彼はクルアーンを理解するには解釈者が不可欠で、その際、理性（アクル）を用いる必要があると考えている。彼にとって伝統的な注釈や解説はもちろん必要であるが、それだけではクルアーンからの人類へのメッセージを理解することができないのである。そして彼は、クルアーンはその読み手の個人的・文化的・社会的背景によって解釈が異なるべきであると主張したのであった。これは「個人見解によるクルアーン解釈」に属す主張で、「伝承による解釈」の否定でもあり、これゆえに彼は、保守的な知識人や活動家による過剰な攻撃の対象となってしまったのである。

しかしこのアブー・ザイドのクルアーン解釈理論は、本書でとりあげた解釈書と同じ方向性を持っている。特にワドゥードやイサクの見解は完全にアブー・ザイドの理論と一致している。フィリップスは恐らくこの理論を否定するであろうが、彼の実際の解釈書は、すでに見たように、自身の個人的背景や社会的・文化的経験を色濃く反映したものとなっている。クルアーンの意味の多義性を認めるギュレンもまた、アブー・ザイドの理論に近い立場に立っていると考えられる。そしてアブー・ザイドもまた、ヨーロッパに亡命した後は、高く評価されて研究活動を活発に続けることができていた。

ここから言えることは、個人見解のクルアーン解釈への適応を前面に押し出すことは伝統的なムスリム社会では簡単なことではない、ということである。それはアッラーの言葉に人間の考えを押しつけるかのような行為だと受け止められる可能性が高いのである。これは、極めて敬虔な態度でクルアーンに接したい、クルアーンをあるがままに意味を問わずに受け入れたい、と望んでいるムスリムたちの感情としては、十分理解できるものではあるだろう。しかしそうではなく、クルアーンから人々が直面する諸問題の解決策を得たいと願うムスリムたちもいるのであり、その行為の自由を認めることが、ムスリムが多数の社会においては難しい点にこの問題の根源がある。

ただし、アブー・ザイドをめぐるエジプト社会の騒乱から、この社会が教条的で狂信的だと思われる場合もあるかもしれない。確かに宗教が生活のなかに深く根付いている社会であることは間違いがない。ただ留意しておくべきことがある。まず、そのなかからもアブー・ザイドのようなリベラルな人物が登場しているということ、そしてもう一つは、このような宗教に起因する出来事は多かれ少なかれどこの社会にもあることだということである。

後者について言えば、例えば海外では日本のオウム・サリン事件（一九九五年）が日本社会の一つの宗教的特徴として理解される場合も見られる。また、アメリカにはつい最近、反イスラーム的言動を発して、国際的にも大きな社会的論争を巻き起こした人物がいる。フロリダ州の小さな教会の牧師テリー・ジョーンズは二〇一〇年に、「九・一一」の九周年目の日に、クルアーンを二〇〇冊燃やすと宣言した。これは国際的に問題視され、彼は一度は撤回したが、翌一一年三月にクルアーンを燃やしている。彼の言動はアフガニスタンやパキスタンなど米軍の活動が盛んな地域や、その他のムスリム地域において、デモを引き起こし、反米感情を増幅させてしまった。このような行動は、イサクやギュレンによるムスリムとキリスト教徒の連帯や対話を主張する多元主義的な動きを反故にするものであると言えるだろう。

マイノリティ・ムスリムの貢献

とは言え、アブー・ザイドの事件を考えれば、新しい解釈書がマイノリティ・ムスリムから生まれてきたことは納得のできることである。ワドゥード、イサク、フィリップス、そしてギュレンに共通する特徴は、マイノリティ・ムスリムとして生き、個人を重視しつつ、英語で発信し、行動がグローバルであることである。そして彼らの個人史を見ると、それぞれ個人的な問題を出発点として、クルアーンに向かい合い、解釈し、そこから普遍性のある解答を得ていることが分かる。この解答つまり解釈は、現代の諸問題をイスラームの視点から解決する思想を提示しており、これは世界全体に対する大きな貢献であると言えるだろう。なぜならば、これらの解釈は英語で書かれていることからも、世界中に居住するムスリムに読まれ、読書サークルや大学のゼミのテキストになるなどして、影響を与えつつあるからである。

さらに四人の解釈者たちの活動は今なお展開中である。ワドゥードは、二〇〇八—〇九年にインドネシアの大学で客員教授として研究生活を送り、その際、現地の一夫多妻婚を推奨する動きに反対する講演を行うなど、東南アジア地域のムスリムにも「進歩的ムスリム」のあり方について説いている。またイサクは二〇〇〇年に「ポジティブ・ムスリム」というNGOを南アフリカで立ち上げ、HIV/AIDSのムスリム患者の救済プロジェクトを推進、欧米の研究機関からも注目されている。フィリップスはイスラーム・オンライン大学を運営し、世界中のムスリムが英語でイスラームについて学ぶことができる環境を提供している（学士課程は無料）。そしてギュレンとその支持者による「ヒズメット運動（ギュレン運動）」は、西洋とイスラームの対話促進からさらにその活動を世界的なレベルに広げつつあり、例えば二〇一三年四月にはネルソン・マンデラ夫人に「フェトフッラー・ギュレン・平和と対話賞」を贈っている。

このような状況を見ると、新しいものの創造には多様性が不可欠であることを痛感させられるように思う。マイノリティとは、多様性を認める社会のなかでしか存在できない。それでも様々な摩擦があるが、その摩擦を乗り越える苦悩のなかでこそ、新しいものが生まれてくるのであろう。このような作業の積み重ねが、これからのグローバル社会で求められるものである。

最後に今後のクルアーン解釈の展開であるが、英語による解釈は今後ますます多様性の度合いを深めるであろう。様々な解釈者の解釈書が世に出され、百花繚乱と言おうか、ある種の乱立状態が生まれるかもしれない。これは解釈と解釈者の問題に常につきまとうものであり、リベラルな社会で個人見解によるクルアーン解釈の扉が開かれた今、混乱はやむを得ない部分があるだろう。ただそれを越えて、人々が認める権威に基づくクルアーン解釈が誕生するのかどうか、注意深く見守っていきたい。これほどまでに多種多様な解釈が生まれる理由は、それが極めて重要なものとして存在しているからに他ならないからである。

あとがき

本書はグローバル社会におけるイスラームの一側面を切り取ったものであるが、これを研究する筆者自身も、解釈者たちとともに世界を飛び回ったような気分になることができた。そもそも筆者はアラビア語文献のクルアーン解釈史に関して、特に古典期を中心に研究してきたのであり、本書のような非アラブ圏の解釈者たちによって英語で書かれた現代の解釈について論じるのは、大きなチャレンジであった。

このようなチャレンジを試みた理由はいくつかある。現在の勤務先である明治学院大学国際学部に着任し、これまでの研究を踏まえた上で、新しい研究分野に取り組みたいと思ったこと。子どもが生まれたことで、この研究の契機となったワドゥードのように家族のあり方に関心を持つようになったこと。そして、日本社会がグローバリゼーションのなかで大きく変わりつつあるにもかかわらず、イスラーム世界もまたグローバル化していることとがあまりにも知られておらず、旧態依然としたイスラーム観が続いているという危惧が強まったこと。

このような状況のなか幸いなことに本研究は、科研費（科学研究費補助金）によって長きにわたって支えていただき、ゆっくりとではあったが進んでいった（課題研究番号18820030と21720029）。本書はそこから生まれた次の研究成果を土台に執筆されている。

——〔論文〕「イスラーム教徒の聖典観——現代の若者たちにとっての『クルアーン（コーラン）』」『国際学研究』31(2007): 33-54。

——〔論文〕「アミーナ・ワドゥードのクルアーン（コーラン）解釈方法論——ファズルル・ラフマーン理論の継承と発展」『国際学研究』35(2009): 35-52。

——〔論文〕"Contemporary Muslim Intellectuals who Publish *Tafsīr* Works in English: The Authority of Interpreters of the Qur'ān," *Orient* 48(2013): 57-77.

——〔学会発表〕"Fethullah Gülen's Interpretation of the Qur'ān as a Contemporary *Tafsīr*: Tradition and Modernity," The Hizmet Conference, December 09, 2012, Taipei, Taiwan.

そしてさらに幸運に恵まれ、本書を世に出すチャンスをいただいた。ここではお名前をあげさせていただかないが、ここに至るまでには国内外の多くの方々の後押しや刺激があった。深い感謝の意を表したい。また深い洞察力で本書を理解してくださった平凡社の編集者水野良美さんにも御礼を申し上げたい。最後に、夫と二人の子どもたちにも、研究の原動力となってもらったことにありがとうと言わせていただきたい。

現在、カンボジアのプノンペンに在外研究（サバティカル）のために、家族で移動して来たばかりである。ここで「クメール・イスラーム」と呼ばれるマイノリティ・ムスリムの研究に従事する予定である。ここまでの道も全て、個人の意志から始まってはいるが、周囲の協力とグローバル化ゆえに可能となったと実感している。

二〇一三年三月二七日　プノンペンにて

大川玲子

関連年表

西暦	イスラームに関連する出来事	世界の出来事
五七〇頃	ムハンマド、メッカにて誕生	
五七四		聖徳太子（厩戸皇子）が誕生
六一〇頃	啓示を受け始める	
六二二	メッカからメディナに聖遷（ヒジュラ）	
六三二	死去	
六三二―六一	正統カリフ時代	
	アブー・バクル（在六三二―三四）	
	ウマル（在六三四―四四）	
	ウスマーン（在六四四―五六）	
	クルアーン結集	
	アリー（在六五六―六一）	
六六一	ウマイヤ朝成立（首都ダマスカス）	
七四九	アッバース朝成立（首都バグダード）	
八二七―四八	アッバース朝第七代カリフのマアムーンにより、ムウタズィラ派が公認神学に	
一〇九一	神学者ガザーリーがバグダードのニザーミーヤ学院の主任教授に任命される	
一〇九六		十字軍遠征（―一三世紀末）
一二五八	モンゴル軍によりアッバース朝滅亡	

一二九九	オスマン朝成立	
一三二五	イブン・バットゥータ、故郷モロッコからメッカ巡礼に向かう（中国やアフリカなどを巡り、一三五三年に帰国）	
一四九二		キリスト教国によるレコンキスタ（イベリア半島の再征服運動）の完成からユダヤ教徒追放令へ コロンブスによるアメリカ大陸の「発見」、大航海時代始まる
一五二九	オスマン朝、第一次ウィーン包囲	
一七九八	エジプトへのナポレオン遠征始まる	
一八〇三	ワッハーブ派がメッカ占領	
一八〇五	ムハンマド・アリー朝成立（首都カイロ、―一九五三）	
一八五三		日本への黒船来航
一八六二		アメリカ合衆国大統領E・リンカーンによる奴隷解放宣言
一八七六	エジプト、財政破綻により英仏の管理下に	
一九一四		第一次世界大戦（―一八）
一九二二	欧米列強によりオスマン朝滅亡	
一九二三	トルコ革命後トルコ共和国成立	
一九二六	タブリーギー・ジャマーアトがインドで設立	

一九二八	ハサン・バンナーがムスリム同胞団を結成	
一九三〇	アメリカにてネイション・オブ・イスラーム創設	
一九四一		太平洋戦争勃発
一九四五		第二次世界大戦終結
一九四七		パキスタンとインドが英連邦内の自治領として分離独立
一九四八	第一次中東戦争（—四九）	五月一四日、イスラエル独立宣言 南アにてアパルトヘイト（人種隔離政策）の法制化
一九五二	エジプトでナセル中心に自由将校団のクーデター	
一九五三	エジプト共和国宣言、ムハンマド・アリー朝終焉	
一九五六	第二次中東戦争	
一九六〇		ベトナム戦争（—七五）
一九六五		マルコムX暗殺
一九六七	第三次中東戦争	
一九六八		キング牧師暗殺
一九七三	第四次中東戦争	
一九七九	イラン・イスラーム革命 メッカで聖モスク占拠事件	

一九八〇	イラン・イラク戦争（—八八）	米ソ冷戦の終焉
一九八九	ビラール・フィリップス『「部屋」章解釈』初版刊行	
一九九〇		イラクによるクウェートへの軍事侵攻により湾岸戦争始まる（—九一）
一九九一		ソ連崩壊
一九九二	アミナ・ワドゥード『クルアーンと女性』初版刊行	
一九九四		ネルソン・マンデラ、南ア大統領に就任
一九九七	ファリド・イサク『クルアーン、解放そして多元主義』初版刊行	
二〇〇一		「九・一一」（アメリカ同時多発テロ）多国籍軍によるアフガニスタン侵攻開始
二〇〇三		多国籍軍によるイラク侵攻開始、サッダーム・フセイン政権崩壊（—一一）
二〇一〇	「アラブの春」始まる	
二〇一一	フェトフッラー・ギュレン『クルアーンを内省的に読む』トルコ語刊行（英訳は二〇一二年）	ウサーマ・ビン・ラーディン、米軍により殺害される
二〇一二		
二〇一三	イスラーム系武装集団によるアルジェリア人質拘束事件	

【アラビア語】
‘Aqqād, ‘Abbās Maḥmūd, al-. *Al-Mar’a fi’l-Qur’ān*, Cairo, 1976.
Bint al-Shāṭi’ (‘Ā’isha ‘Abd al-Raḥmān), *Tafsīr al-Bayānī lil-Qur’ān al-Karīm*, Cairo, 1962, 1969.
Ibn Kathīr, *Tafsīr al-Qur’ān al-‘Aẓīm*, Damascus, 1998.
Qaṭṭān, M. al-. *Mabāḥith fī ‘Ulūm al-Qur’ān*, Beirut: 1998.
Qutb, Sayyid, *Fī Ẓilāl al-Qur’ān*, Cairo, 1996.
Riḍā, Muḥammad Rashīd & Muḥammad ‘Abduh, *Tafsīr al- Qur’ān al-‘Aẓīm al-ma‘rūf bi-Tafsīr al-Manār*, Beirut, 2002.
Ṣuyūṭī, Jalāl al-Dīn, al-. *Al-Itqān fī ‘Ulūm al-Qur’ān*, Beirut, 1991.
Ṭabarī, Abū Ja‘far ibn Jarīr, al-, *Tafsīr al- Ṭabarī: Jāmi al-Bayān fī Ta’wīl al-Qur’ān*, Beirut, 1999.
Zamakhsharī, Muḥammad ibn ‘Umar, *al-Kashshāf ‘an Ḥaqā’iq al-Tanzīl wa ‘Uyūn al-Aqāwīl fī Wujūh al-Ta’wīl*, Beirut, 2001.
Zarkashī, Badr al-Dīn, al-. *Al-Burhān fī ‘Ulūm al-Qur’ān*, Cairo, n.d.

【URL】（すべて2013年3月9日アクセス）
イスラーム・オンライン：Islam Online
http://www.islamonline.net/English/
イスラームQ&A：Islam Q&A
（英語）http://www.islam-qa.com/index.php?ln=eng
（日本語）http://islamqa.info/ja/
アミナ・ワドゥードのインタビュー：
http://www.pbs.org/wgbh/pages/frontline/shows/muslims/interviews/wadud.html
ファリド・イサクの大学ウェブサイト：
http://www.uj.ac.za/EN/Faculties/humanities/researchcentres/cod/aboutus/Staff/Associates/Pages/ProfFaridEsack.aspx
ビラール・フィリップス公式ウェブサイト：
http://www.bilalphilips.com/
フェトフッラー・ギュレン公式ウェブサイト：
（英語）http://en.fgulen.com/
（日本語）http://www.fethullahgulen.org/jp/
プロスペクト（2008年トップ100知識人）：
http://www.prospectmagazine.co.uk/prospect-100-intellectuals/

Works in English: The Authority of Interpreters of the Qur'ān," *Orient* 48 (2013): 57-77.

Philips, B. *Uṣool at-Tafseer: The Methodology of Qur'aanic Explanation*, Sharjah, 1997.

—— *Tafseer Soorah al-Ḥujurāt*, Riyadh, 2006.

Rahman, Fazlur, *Islam & Modernity: Transformation of an Intellectual Tradition*, Chicago, 1984.

Qadhi, Abu Ammaar Yasir, *An Introduction to the Sciences of the Qur'aan*, Birmingham, 1999.

Safi, Omid (ed.), *Progressive Muslims on Justice, Gender, and Pluralism*, Oxford, 2003.

Sands, Kristin Zahra, *Ṣūfī Commentaries on the Qur' ān in Classical Islam*, London, 2006.

Taji-Farouki, Suha (ed.), *Modern Muslim Intellectuals and the Qur'an*, Oxford, 2004.

Tayob, Abdulkader I., *Islam in South Africa:Mosques, Imams, and Sermons*, University Press of Florida, 1999

Wadud-Muhsin, Amina, "On Belonging as a Muslim Woman," in G. Wade-Gayles (ed.), *My Soul is a Witness: African-American Women's spirituality* (Boston, 1995): 253-265.

Wadud, Amina, "Towards a Qur'anic Hermeneutics of Social Justice: Race, Class and Gender," *Journal of Law and Religion* 12/1 (1995/6): 37-50

—— *Qur'an and Woman: Rereading the Sacred Text from a Woman's Perspective*, Oxford, 1999.

—— "Alternative Qur'anic Interpretation and the Status of Muslim Women," in G. Webb (ed.), *Windows of Faith: Muslim Women Scholar-Activists in North America* (Syracuse, N.Y. 2000): 3-21.

—— "American Muslim Identity: Race and Ethnicity in Progressive Islam," in O. Safi (ed.), *Progressive Muslims: On Justice, Gender and Pluralism* (Oxford, 2003): 270-285.

—— *Inside the Gender Jihad*, Oxford, 2006.

Yavus, M. Hakan and John L. Esposito (eds.), *Turkish Islam and the Secular State: The Gülen Movement*. Syracuse, 2003.

Barlas, Asma, *"Believing Women" in Islam: Unreading Patriarchal Interpretation of the Qur'an*, Austin, 2002.

Bucaille, Maurice (Alistair D. Pannell trans.), *The Bible, the Qur'an and Science: The Holy Scriptures Examined in the Light of Modern Knowledge*, New York, 2003.

Bunt, Gary R., *Islam in the Digital Age: E-Jihad, Online Fatwas and Cyber Islamic Environments*, London, 2003.

Campanini, Massimo (C. Higgitt trans.), *The Qur'an: Modern Muslim Interpretations*, New York, 2011.

Curtis IV, Edward E., *Muslims in America: A Short History*, Oxford, 2009.

Denffer, Ahmad von, *'Ulūm al-Qur'ān: An Introduction to the Sciences of the Qur'ān* (rev. ed.), Leicester, 1994.

Ebaugh, Helen Rose. 2010. *The Gülen Movement: A Sociological Analysis of a Civic Movement Rooted in Moderate Islam*. Dordrecht: Springer.

Encyclopedia of Islam and the Muslim World, 2 vols., New York: Macmillan, 2004.

Encyclopedia of Islam in the United States, 2 vols., Westport, CT: Greenwood Press, 2007.

Esack, Farid, *Qur'ān, Liberation & Pluralism: An Islamic Perspective of Interreligious Solidarity against Oppression*, Oxford, 1997.

—— *On Being a Muslim: Finding a Religious Path in the World Today*, Oxford, 1999.

Gülen, Fethullah, *Toward a Global Civilization of Love and Tolerance*, Clifton, 2010.

—— *Reflections on the Qur'ān: Commentaries on Selected Verses*, Clifton, 2012.

Hammer, Juliane, *American Muslim Women, Religious Authority, and Activism: More than a Prayer,* Austin, 2012.

Jansen, J. J. G., *The Interpretation of the Koran in Modern Egypt*, Leiden, 1980.

Maudūdī, Abū al-A'lā (Ch. Muhammad Akbar and A. A. Kamal trans.), *The Meaning of the Qur'ān*, Lahore, 2007.

McCloud, Aminah Beverly, *African American Islam*, NewYork and London: Routledge, 1995.

Okawa, Reiko "Contemporary Muslim Intellectuals who Publish *Tafsīr*

櫻井公人他訳、岩波書店、2010年。

ダニシマズ・イディリス「東日本大震災と在日トルコ人による支援――被災時に強まる両国民の絆」『トルコを知るための53章』大村幸弘・永田雄三・内藤正典編著、明石書店、2012年、342-352。

中村廣治郎『イスラームと近代』岩波書店、1997年。

フックス、ベル『アメリカ黒人女性とフェミニズム――ベル・フックスの「私は女ではないの？」』大類久恵監訳、柳沢圭子訳、明石書店、2010年。

ブハーリー『ハディース――イスラーム伝承集成』（全6巻）牧野信也訳、中公文庫、2001年。

本田創造『アメリカ黒人の歴史』（新版）岩波新書、1991年。

松岡泰『アメリカ政治とマイノリティ――公民権運動以降の黒人問題の変容』ミネルヴァ書房、2006年。

マルコムX『完訳 マルコムX自伝』（上下）濱本武雄訳、中央文庫、2002年。

峯陽一『南アフリカ「虹の国」への歩み』岩波新書、1996年。

ムスリム『日訳サヒーフムスリム』（全3巻）磯崎定基・飯森嘉助・小笠原良治訳、日本サウディアラビア協会、1987-89年。

八木久美子『グローバル化とイスラム――エジプトの「俗人」説教師たち』世界思想社、2011年。

家島彦一『イブン・バットゥータの世界大旅行――14世紀イスラームの時空を生きる』平凡社新書、2003年。

山内昌之『イスラームとアメリカ』中公文庫、1998年。

――『近代イスラームの挑戦』（世界の歴史20）中央公論新社、1996年。

* 以下の2冊は脱稿後に刊行されたため、本書で参照することはできなかったが、本論に関係する良書であるため、ここで紹介したい。
新井政美『イスラムと近代化――共和国トルコの苦闘』講談社選書メチエ、2013年。

東長靖『イスラームとスーフィズム――神秘主義・聖者信仰・道徳』名古屋大学出版会、2013年。

【英語】
Barazanghi, Nimat Hafez, *Women's Identity and the Qur'an: A New Reading*, Gainesville, 2004.

参考文献

数多くの文献を参照させていただいたが、ここでは主要なものを記載した。

【日本語】


『コーラン』(全3巻、改訂版) 井筒俊彦訳、岩波文庫、1964年。

『古蘭:文語訳』(全2巻) 大川周明訳、書肆心水、2009年。

『コーラン』(全2巻) 藤本勝次・池田修・伴康哉訳、中公クラシックス、2002年。

『日亜対訳・注解 聖クルアーン』(改訂版) 三田了一訳、日本ムスリム協会、1982年。

荒このみ『マルコムX——人権への闘い』岩波新書、2009年。

井筒俊彦『意味の構造——コーランにおける宗教道徳概念の分析』(井筒俊彦著作集4) 牧野信也訳、中央公論新社、1992年。

イブン・イスハーク『預言者ムハンマド伝1』イブン・ヒシャーム編註、後藤明他訳、岩波書店、2010年。

伊豫谷登士翁『グローバリゼーションとは何か——液状化する世界を読み解く』平凡社新書、2002年。

大川玲子『聖典「クルアーン」の思想——イスラームの世界観』講談社現代新書、2004年。

——「イスラーム教徒の聖典観——現代の若者たちにとっての『クルアーン(コーラン)』」『国際学研究』31(2007年):33-54。

——「アミーナ・ワドゥードのクルアーン(コーラン)解釈方法論——ファズルル・ラフマーン理論の継承と発展」『国際学研究』35(2009年):35-52.

——『イスラームにおける運命と啓示——クルアーン解釈書に見られる「天の書」概念をめぐって』晃洋書房、2009年。

大河内俊雄『アメリカの黒人底辺層』専修大学出版局、1998年。

大類久恵『アメリカの中のイスラーム』寺子屋新書、2006年。

クック、マイケル『コーラン』大川玲子訳、岩波書店、2005年。

クリストフ、ニコラス・D.、シェリル・ウーダン『ハーフ・ザ・スカイ——彼女たちが世界の希望に変わるまで』北村陽子訳、英治出版、2010年。

上坂昇『キング牧師とマルコムX』講談社現代新書、1994年。

桜井啓子『日本のムスリム社会』ちくま新書、2003年。

スティーガー、マンフレッド・B.『グローバリゼーション』(新版)

ハ行

マ行

ラ行

ワ行

人名索引

ア行

カ行

サ行

タ行

ナ行

【著者】
大川玲子（おおかわ れいこ）
1971年、大阪生まれ。文学博士。東京大学文学部イスラーム学科、同大学大学院を経て、カイロ留学、ロンドン大学大学院東洋アフリカ研究学院（SOAS）修士課程修了の後、東京大学より博士号取得。現在、明治学院大学国際学部准教授。著書に、『聖典「クルアーン」の思想——イスラームの世界観』（講談社現代新書）、『図説 コーランの世界——写本の歴史と美のすべて』（河出書房新社）、『イスラームにおける運命と啓示——クルアーン解釈書に見られる「天の書」概念をめぐって』（晃洋書房）、訳書に、M.クック『コーラン』（岩波書店）など。

平凡社新書682

イスラーム化する世界
グローバリゼーション時代の宗教

発行日——2013年5月15日　初版第1刷

著者————大川玲子
発行者———石川順一
発行所———株式会社平凡社
東京都千代田区神田神保町3-29　〒101-0051
電話　東京（03）3230-6580［編集］
　　　東京（03）3230-6572［営業］
振替　00180-0-29639
印刷・製本—図書印刷株式会社
装幀————菊地信義

ISBN978-4-582-85682-8
NDC分類番号167　新書判（17.2cm）　総ページ208
平凡社ホームページ　http://www.heibonsha.co.jp/